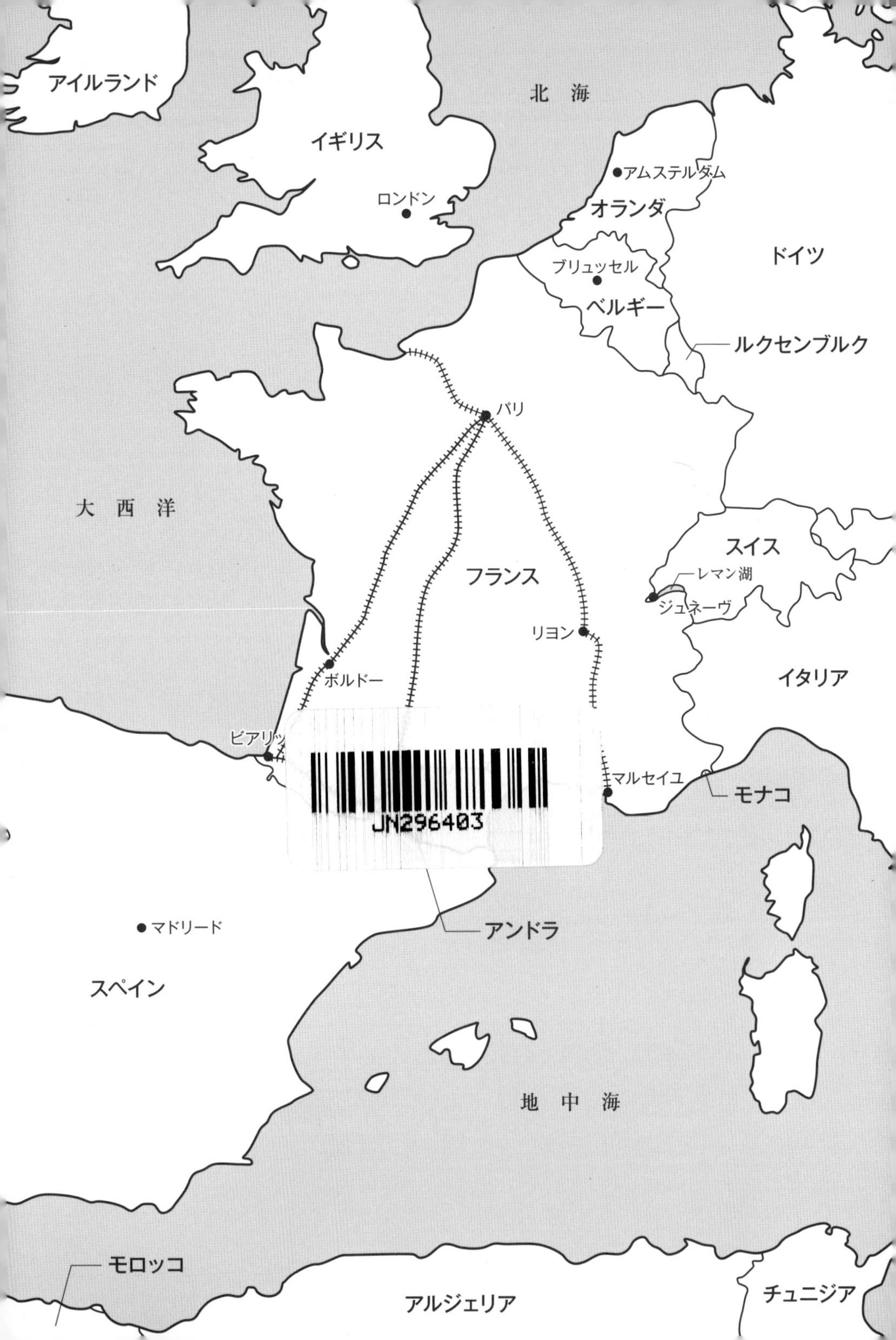
アイルランド
北 海
イギリス
ロンドン
アムステルダム
オランダ
ドイツ
ブリュッセル
ベルギー
ルクセンブルク
パリ
大 西 洋
スイス
レマン湖
ジュネーヴ
フランス
リヨン
ボルドー
イタリア
マルセイユ
モナコ
アンドラ
マドリード
スペイン
地 中 海
モロッコ
アルジェリア
チュニジア

JN296403

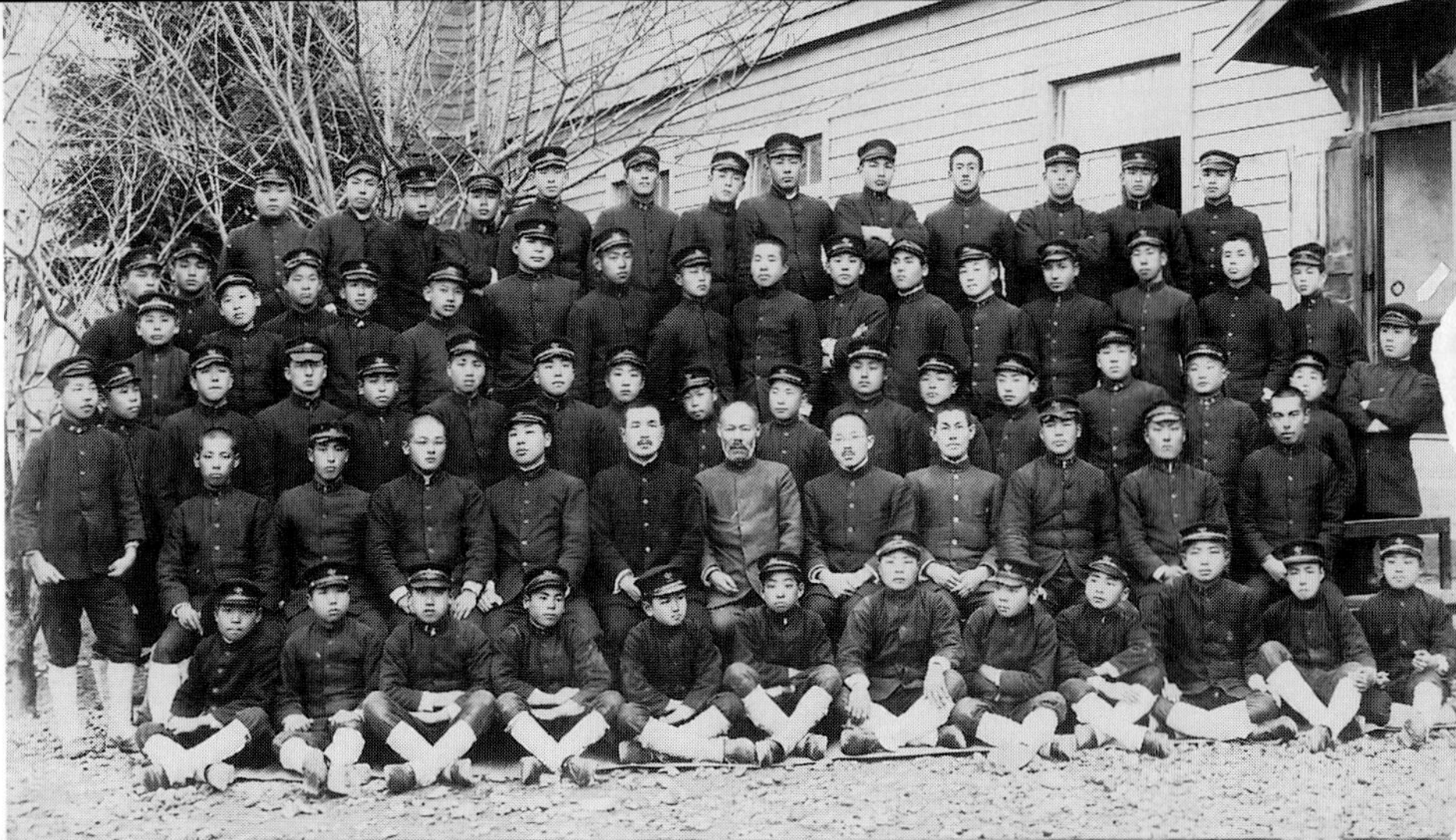

①一九一八年姫路中学柔道部中堅会の卒業生を送る。酒造之助は四年生、前より三列目右端。

②

JU-JITSU LESSONS FOR OXFORD STUDENTS

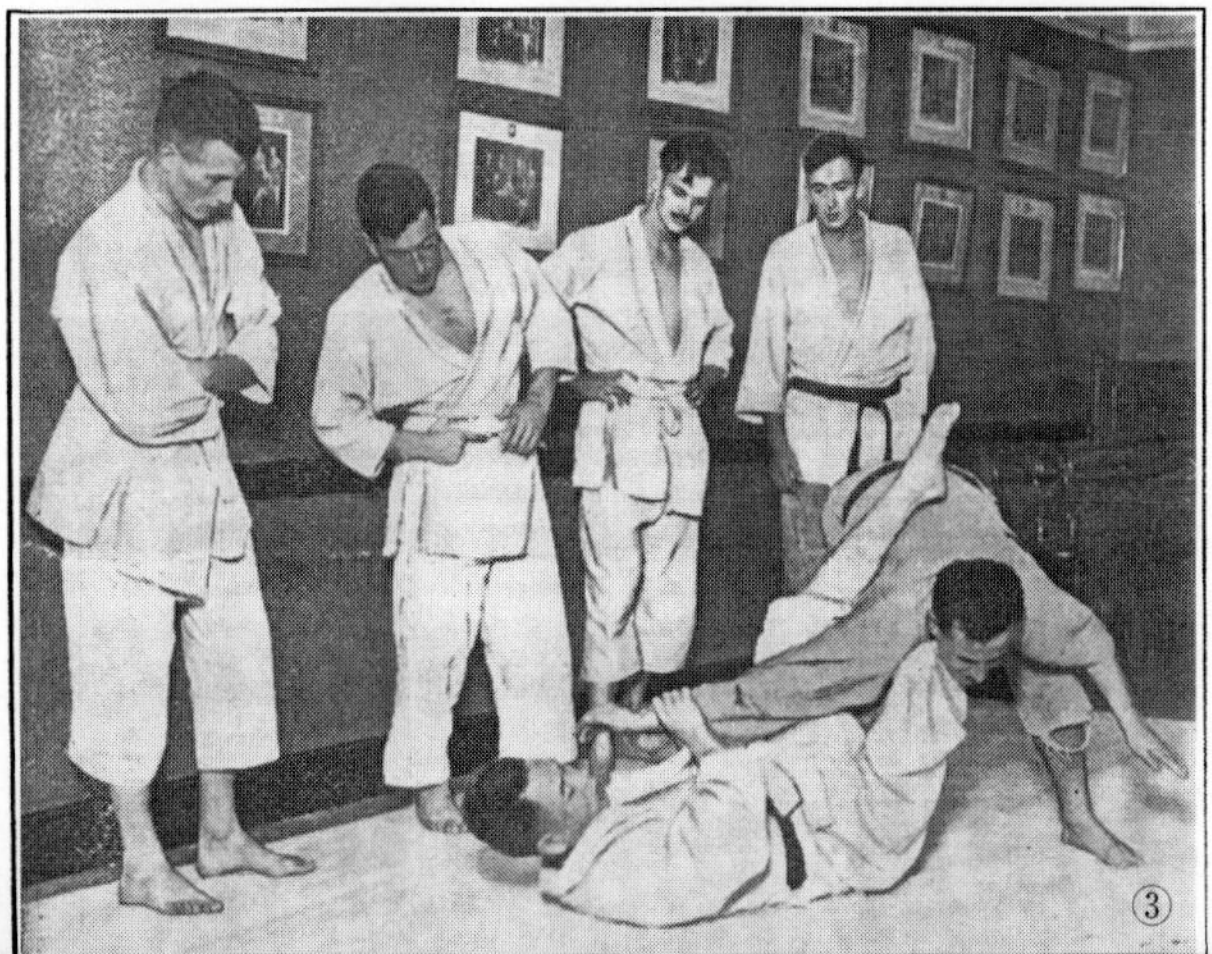

③

②一九二九年一〇月ニューヨーク柔道クラブの昇段試合。酒造之助（右端）が審判をする。

③Bulletin Glasgow紙一九三三年一一月八日付けの記事。オクスフォード大学柔術クラブを指導する酒造之助。

④一九三九年二月一〇日教育相夫妻を迎えての「柔道の夕べ」。中央の主賓をはさんで左右にノーベル賞受賞のジョリオ＝キュリー夫妻、左端シャルル・ファルー氏、右端レオン・エイロール氏。

⑤一九四〇年頃ジウジツクラブでの練習風景。暖房がないため寒がりのドゥ・エルトゥは靴下をはいており、灯火管制のため窓には暗幕が掛けられている。（ダニエル・ボネ＝モリ氏提供）

⑥一九三八年一月二九日日仏柔道クラブで。杉村陽太郎と模範演武をする酒造之助。

⑦一九四八年一〇月一九日再渡仏する酒造之助夫妻を姫路駅頭で見送る人々。前列左から三人目が酒造之助、その右隣石見市長。

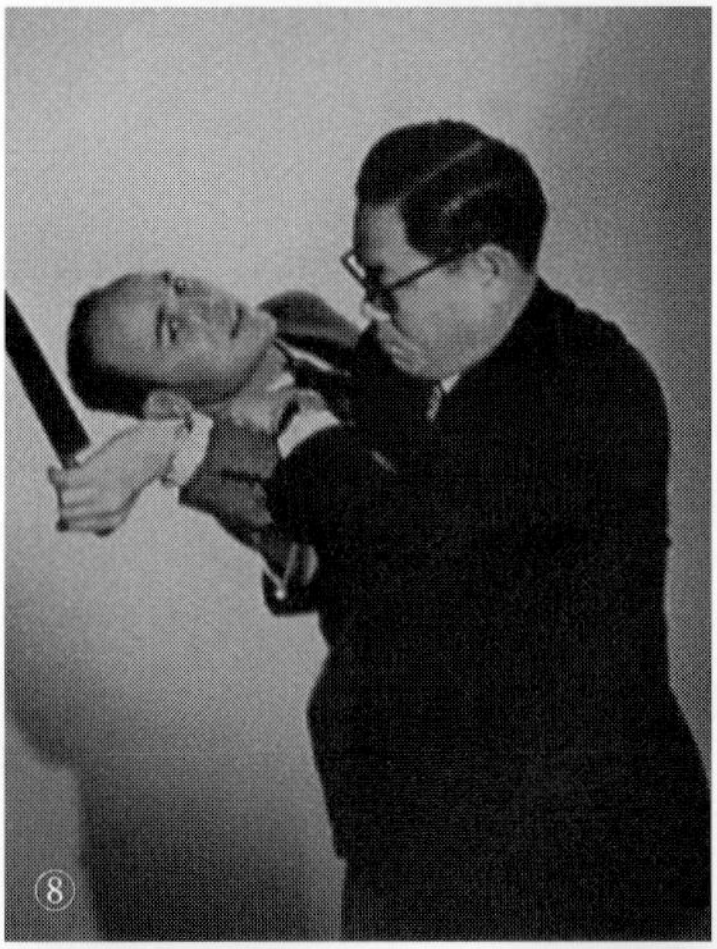

⑧護身術を宣伝するために雑誌に掲載した写真。

⑨一九四九年五月パリのレーシング・クラブでの夜会。右側中央に酒造之助夫妻、その右隣はボネ＝モリ夫妻。左隣はスポーツ万能の実業家メルスィエ氏。

⑩一九五一年一二月第一回ヨーロッパ柔道選手権大会のため来仏した日本の柔道関係者達。左から醍醐敏郎、栗原民雄、講道館館長嘉納履正、田代重徳、松本芳三の諸氏。

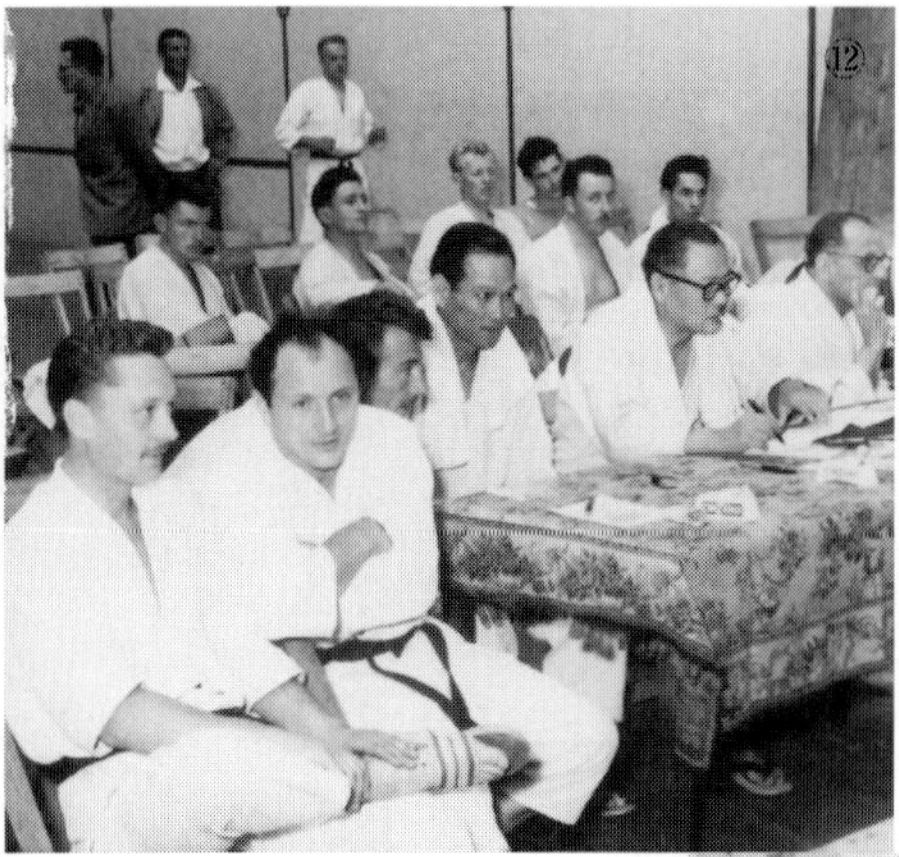

⑪1951年11月第１回ヨーロッパ柔道選手権大会を控えて柔道連盟会長ボネ＝モリ氏と打ち合せをする酒造之助。

⑫一九五五年八月フランス西南部ビアリッツの夏期国際柔道講習会にて。酒造之助の左隣は道上伯氏。

⑬一九九八年一月、パリ郊外プレッスィ・ロバンソンの町にある酒造之助の墓地。命日に古い有段者達が墓参りをして花束を捧げた。

世界にかけた七色の帯

――フランス柔道の父　川石酒造之助伝

吉田　郁子　著

駿河台出版社

夫の業績を信じ、その資料を守ってこられた川石美都子夫人へ

世界にかけた七色の帯／目　次

序

パリ南端のポルト・ド・シャティオンから国道３０６で南に十一キロ、緑の多い郊外の町プレッスィ・ロバンソンの町営墓地は町の西北にある。国道の喧騒が遠くに聞こえ、墓地は明るく静まっている。

磨き上げた黒御影石の墓石は横長で幅は一メートル八〇ほどもあろうか、下部のほうはややすぼまり丸みをおびている。一番上に金色の梨地紋にＫＡＷＡＩＳＨＩ　ＭＩＫＩＮＯＳＵＫＥと黒く浮き彫りになり、その下に「フランス柔道の創始者　１８９９—１９６９」とフランス語で刻まれている。さらにその中ほどに一行で「川石氏を讃え、感謝の念をこめてフランス柔道連盟これを建てる」とあり、その下は左右に分けて四行の分かち書きで「深い感謝の気持ちの証として　川石先生の弟子と友人の会」「師であり創始者である川石師範に変わらざる気持ちを捧ぐフランス有段者会」と、文字はすべて金色である。この墓は周囲に並んでいるものに較べてかなり大きくて目立つが、さらに異彩を放っているのは墓石の右肩に縦長の同じ黒御影石が填め込まれており「法名　釋柔徹」と、これはもちろん漢字で、書かれていることだ。川石家の菩提寺、姫路市の法円寺からいただいた法名である。

戦前戦後を通じてフランスに柔道を広め、世界でも有数の柔道王国フランスの基礎を築いた川石酒造之助が長年住み慣れたプレッスィ・ロバンソンの墓地に葬られてから三十五年になる。一月三十日の命日に近い土曜日には今でも酒造之助の弟子や友人、柔道関係者が墓参りし、川石夫人を囲んで歓談する。

川石酒造之助　武道の師範、講道館柔道の専門家。一九三五年にフランスに来て「日仏クラブ」を設立、これは一九三八年に「フランス柔道クラブ」と合併する。川石方式と呼ばれるフランス式柔道教授法を考案し、技の名前をフランス人に分かりやすいような呼び方にして、帯の色も多彩にした。戦争末期に日本に帰国したが一九四九年にフランスに戻ってきて永住し、柔道教育に努めた。

（『フランス武道事典』フェラン社　一九八八年版）

第一部

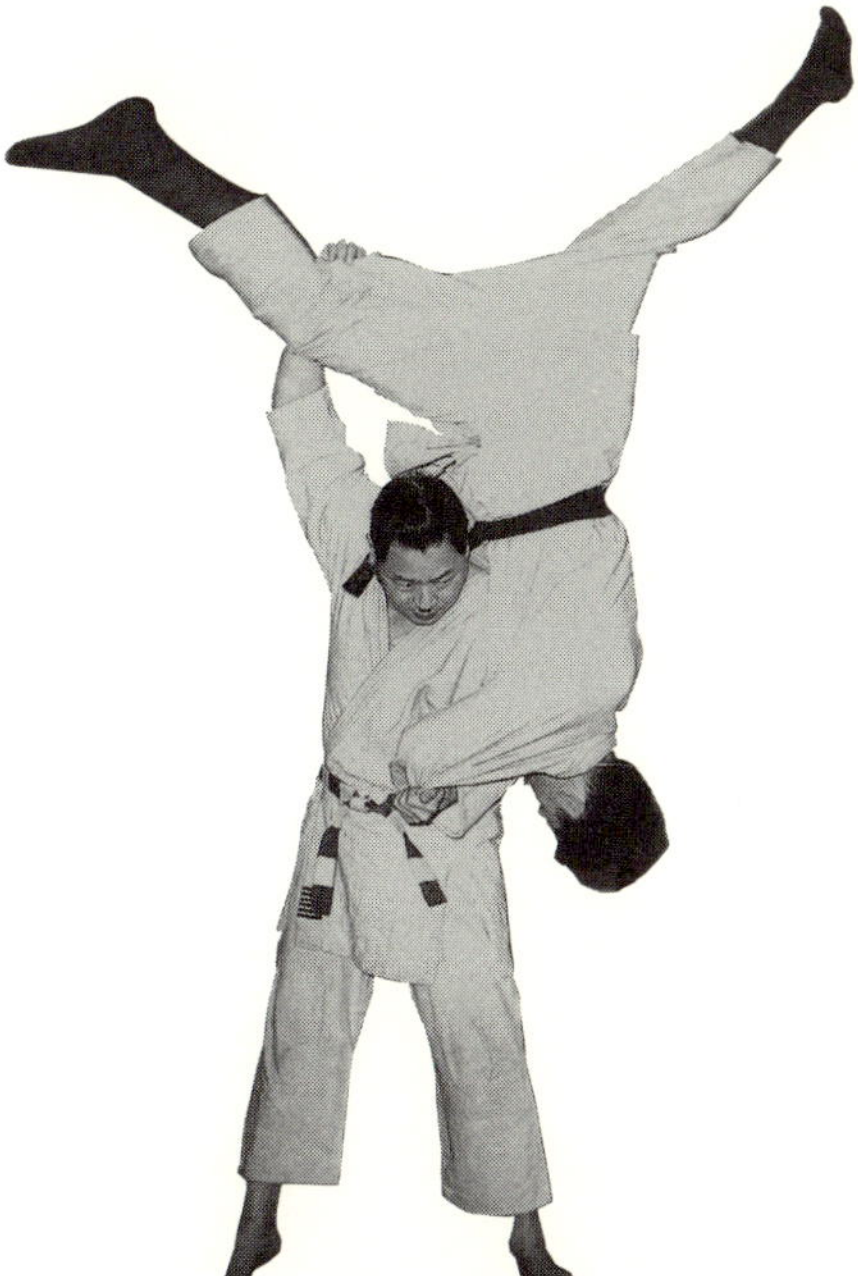

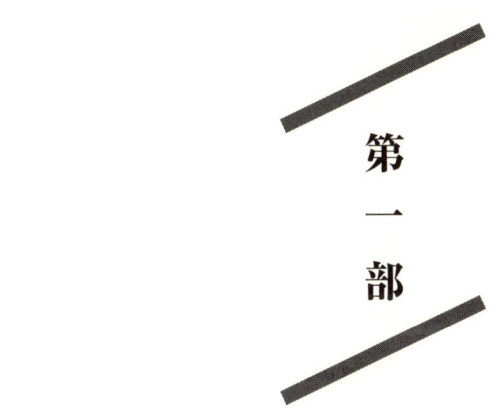

一　パリへ帰る

柔道着下げて――懐かしのパリへ
　あす横浜を船出する川石氏
　フランス政府の招請に応じて花のパリで柔道を師範するため渡佛準備をととのえて船出を待っていた柔道家、姫路市手柄出身、当時同市新身町川石酒造之助七段がいよいよ二十一日午後六時横浜出帆のフランス船アンドレ・ルーボン号に乗船するため十九日午後八時四十二分姫路発の急行列車でみつ子夫人同伴で駅頭に多数の見送りを受けて賑やかに出発した。川石氏は柔道家として戦前アメリカを経てフランスに渡り、約十年間パリで道場を開いて警官その他に柔道を指南していたが戦争のため帰国、終戦直後その異国のお弟子さんたちから再渡佛を要望され、遂に政府の要請となったものである。

（『神戸新聞』昭和二三年十月二十日付）

　昭和二十三年十月十九日の姫路駅は「川石先生渡佛記念」ののぼりが立ち、ごった返していた。昔から柔道の盛んな土地柄だけに、姫路柔道界の首脳の雄途を祝して柔道関係者が勢揃いしていたし、川石家が地元では名の知れた酒造家で交際が広いためそちらの関係者も多く、また母校の旧制姫路中学の同窓会からは市長を始め多数が見送りに来ていた。市役所関係者の姿もあった。酒造之助は昭和二十一年秋にパリから旧満州経由で帰国して姫路に落ち着いて以来、中学の先輩石見姫路市長の推挙で市役所に籍を置いていたのだ。結婚してまだ一年ほどの美都子夫人は臨月の身を人々の熱気にまかれ、ぼーっとしていた。ただでさえ人波に押されて歩きにくいのに、たまたまその夜駅前に大火があり、産婦が火事を見ると赤あざの子供が産まれるという言い伝えを誰かが言い出して、夫人は火を見ないように後ろ向きに歩かされていた。小太りで恰幅のいい四十九歳の夫のそばで、京都生まれの年若い新妻はほっそりと小柄で、対照的な夫婦であった。

酒造之助が結婚相手をさがしていたとき、「いずれフランスに戻る」という彼の言葉を聞かされていた人々は洋装の似合う女性がいいのではないかと彼に勧め、見合い相手はほとんど洋服姿で現れた。けれども京都の和菓子屋の娘として育った美都子は和服だった。京都の捺染問屋に嫁いだ酒造之助の姉が持ってきた見合い話であったが、酒造之助が選んだのは純日本的な雰囲気を持つこの人だった。のんどり（京都のことばで〝のんびり〟の意味）している中にどこか芯の強さを感じたのかも知れない。一方美都子の方は、相手がフランス帰りでありまたフランスに行きたがっていると聞かされても、この敗戦の混乱の中にある日本で本当にフランス行きが実現するとは思えず、酒造之助の決意がそれほど固いことも知らなかった。今、フランス行きの船に乗るため横浜に向かう時になっても、まだ信じられないような気持ちである。しかし彼女はまったく未知の土地であるフランスのことを心配するのはやめにした。考えても想像のつかないことだし、夫が行くところならついて行くだけのことだ。

夫は時々周囲のものがびっくりするような大きな話をする人で、「大風呂敷」の陰口もあった。姫路の町は明治以来陸軍師団が置かれ、軍需工場があったため厳しい戦火に見舞われ、姫路城は無傷であったもののの市街は焼け野原となった。戦災を免れた京都から行った美都子の目に映ったものは、表通りだけは急拵えの白木のバラックが建ち並んでいたが、その後ろは空き地が続いている殺風景な町だった。酒造之助の実家ではもう兄達は亡くなっており、その息子達の世代になっていた。彼らは三十代で子供達もまだ小さく、戦後の物資不足の中、家業を続けていくことに忙殺されている。少しの間本家の二階に住んでいた酒造之助はやがて市内に家を借りて住み、海外での広い見識を市政に活かしてほしいという市長の好意ある申し出を受けて、市役所の社会教育課に午前中だけ勤めていた。柔道関係の仕事に直接はタッチしなかったが、姫路市民の体位向上と柔道の振興のため柔道会館の建設を思い立ち、市の有力者の間を熱心に説き回って寄付集めに奔走する。しかし敗戦の虚脱からまだ抜け出していない市民にはとうてい受け入れられるような計画ではなかった。「愛児家に貰われたし、女児七歳、五歳。健康で可愛い。至急手紙乞う。直ぐ返事す。御影郵便局止、××迄」という広告が神戸新聞にのり、今日明日の糧を求めて人々がヤミ市を歩き回るような世相である。多少の金は集まったもののとうてい実現の見込みが立たず、集めた金を返して回らなければならなかった。酒造之助が力を入れて働くような場所は姫路にはなかなか見つからない。「近い内にフランスに行く」と言っても、周囲の者は「まだ講和条約も結ばれてないのにどうやって外国に行くつもりなんや。あいつはホラばかり吹いとる」となかなか信じなかった。

別の一面もある。夕方帰りの遅い夫を探しに街を歩いていて、街角の人だかりの中に見つけた。演歌師がヴァイオリンを弾き、それを取り巻いて人々が歌っている。配られた紙切れに書かれた歌詞を見ながら、その輪の一番前で一番熱心に歌っているのが酒造之助であった。面白い人、と美都子は思った。

今の美都子にとってもっとも気になるのは、間近に迫った出産のことだ。どこでどのような形で生むことになるのだろう。船には医者がいるから心配ないと周囲の人々は言うから大丈夫だろうが、それにしても初めてのお産に親しい女達の助けがないのは心細い。

横浜港に着いてみると、思いがけない問題が待っていた。川石を招聘してくれたフランス政府が彼の渡航費用を払い込んだという連絡がまだ船会社に届いていないので、乗船の許可を出せないと言うのだ。出帆予定の二十一日午後六時になっても船長は首を縦には振らない。この船を逃すとフランス行きの船は今度いつ入港するかわからないし、姫路の家はたたんで盛大な見送りを受けて出てきたからには、そう簡単に戻るわけにも行かない。美都子はおろおろするが、酒造之助は平然たるものだ。食料の積み込み作業が遅れて七時半にやっと出航となったが、その直前、実にきわどいところでフランスから電報が入って入金が確認された。乗船を許可されていそいそと乗り込む美都子をしり目に、酒造之助はたばこを買ってくると言って船を離れ、なかなか帰ってこない。見送りについてきた美都子の弟や友人はいらいらして待っており、美都子は気が気ではなかった。船が汽笛を鳴らして催促するところに、ようやく戻ってきた酒造之助はにやりとして船上の人となる。

当時占領下にあった日本では一般人の海外渡航は認められておらず、特に選ばれたごく一部の人だけが日本を後にすることができた。ほぼ同じ頃パリに向かったのは画家の荻須高徳と物理学者の湯浅年子ぐらいであった。国内の外貨を持ち出すことは禁じられていたので渡航費用も国外で工面しなければならない。酒造之助の場合は、フランスの柔道連盟が前年の選手権大会の収益金十一万フランを拠出してくれた上、彼の再渡仏を求める署名を集めて熱心に政府に働きかけたおかげでようやく実現したのである。

船の中では、日本人は川石夫妻のほかにもう一人、戦前のパリで名の知られていた日本料理店「ぼたん屋」の主人だけで、この人は戦争で離ればなれになったフランス人の奥さんに会うために海を渡るところであった。あとはほとんどが欧米人で、一等船室の客達が美しく着飾って食堂などに出入りする姿は美都子の目にまぶしく映った。フランスからの送金でまかなわれる川石夫妻の部屋は三等船室である。三等には日本人客のほかは布教に赴くイギリス人の宣教師達だけであった。「今度船に乗るときにはきっと一等船室に乗せてやるから」と、美都子がなにも言わないのに酒造之助はしきりに気にしていた。美都子は見るもの聞くものすべて珍しかったが、しかし、大きなお腹を抱えていては初めての船旅を楽しむ余裕はない。

船医は三人いたが皆一般医でお産を扱った経験がないという。しかも日本人女性は小柄だから難産が多いと信じ込んでいて、どの医者も出産介助を引き受けたがらず、サイゴンに入港したら下船して市内の大きな病院に行くように勧められた。だがアンドレ・ルボン号を下船したら次の船はいつ来るかわからない状況なので、酒造之助は首を縦に振らなかった。「サイゴンに着く前に産んでくれよ」と酒造之助に何度も言われたが、美都子にはどうするすべもなかった。しかし酒造之助の願いが通じたように、美都子はサイゴン入港の前日に男の子を出産した。二十九歳で初産のせいかひどい難産で、あと一時間痛みが長引けば死んだのではないかと思うほどの苦しみだった。お産には酒造之助が立ち会った。

「――十一月一日午後三時十分（日本時間）丸々と太った男児を出生、体重四キロ。予定通り日本人としてと同時にフランス人である自由人が一人ふえた。成長して軍人になりたければフランス人を選び一躍三軍を叱咤するような英雄になるかもしれない。戦争がいやなら日本人を選び柔道の選手権試合に活躍するスポーツマンになるかもしれない。病室で日本の可愛い着物を着た赤ちゃんを見て、みな『おめでとう』といってゆく。あすサイゴンに入港する。パリ時代の旧弟子笵登高初段が商工省勤務のかたわら経営しているサイゴン柔道クラブの連中の稽古がみられるのが嬉しい。故国を離れてみた日本はまだ四等国には落ちていないということがわかった」

長男をえた直後に酒造之助が神戸新聞によせた船中便りから、高揚した父親の気持ちが伝わってくる。赤ん坊は則《のり》一《かず》と命名された。

美都子が用意してきた着物を着せられた則一は長旅にあきた船客の人気の的になり、みな入れ替わりたち替わり美都子のベッドを訪れてはお祝いを言っていく。髪の毛が黒く目も黒い赤ん坊は欧米人にはもの珍しく、可愛らしく感じるようだ。小さな靴下を編んで届けてくれる婦人もいた。赤道に近くなると狭い船室は蒸し暑く息苦しくなってきたが、気を張っている美都子は気がつかない。出産予定が日本では晩秋の頃に当たるため、赤ん坊が生まれたら風邪を引かせないようにと姫路ではさんざん注意されてきた。そのため美都子は赤ん坊に着物を重ね着させていたのだった。何日目かの夜、則一が泣き声をたてずぐったりしているのに気づき驚いて医者を呼び診てもらったら、衣服を着せすぎたため体温が上がって危険な状態にあるという。生まれたばかりなので注射も打てず、背中に薬をすり込んでから足をもち逆さにして背中をぽんぽん叩くという荒療治で、則一はやっと息を吹き返して泣き始めた。ほっとすると同時に気がゆるみ、美都子も泣き出した。すると酒造之助は「自分の失敗で子供を死なせたと言っていちいち泣いてどうする。そんな気の弱いことでは世の中渡って行かれないぞ。それより二度とこういうことを起こさないように気をつけろ」と叱った。自分自身と向き合う夫の厳しさが美都子には身にしみた。

その一方で、酒造之助は則一のため慣れぬおむつ洗いに奮闘した。ふだんは家事など一切やったことのない亭主関白なのだが、この時ばかりはほかに手伝ってくれる者がいないのだから仕方がない。蒸し暑い船室で船酔いと戦いながら産後の身を養生している美都子のそばで、酒造之助はパンツ一枚になり、汗止めに手ぬぐいで鉢巻きをした勇ましい姿で「なんぎなこっちゃ」とぶつぶつ言いながら毎日洗濯をしてくれる。美都子は食べ慣れない洋食にへきえきしながらも、則一に母乳を与えるため部屋に食事を運んでもらってがんばった。夫に教えて貰った「水をください《ド・ロー・シルヴプレ》」というフランス語が一番役に立った。インド洋に入ると海が荒れて船酔いするものが続出した。食事時になっても食堂に現れるものはほとんどいない有様だったが、酒造之助だけは毎回平然と食事を平らげ、その健啖ぶりは食堂のボーイの感嘆の的になっていた。どんな場合でもしっかりと食事をとり体を養っておくことは柔道家として当然の心得だと酒造之助は考えていたのだ。

四十日の長い航海の末、十一月三十日船はマルセイユに着いた。波止場にはフランス柔道柔術連盟の会長ポール・ボネ=モリを初め多数の柔道家達が出迎えに来ていた。新聞記者やラジオのアナウンサーなども押しかけていて、妻と生後一ヶ月の長男を伴って下船した酒造之助はさながら凱旋将軍のような華々しさと熱気で迎えられる。十三年前フランスに到着以来十年間の努力の結実と、四年前に後ろ髪を引かれる思いでパリを去ってからの弟子達の活躍のあかしを目の当たりにして、酒造之助は感慨無量であった。

二　組み打ちから柔道へ

鎌倉時代以来武士が戦場で白兵戦の時用いる武術の一つとして発達してきた組み打ちは、さまざまな実戦的な技を加えて体系化されてゆき、多くの流派を生んできた。これが柔道のルーツである。最も古いものは室町時代の竹内流といわれるが、その後江戸時代には全国各地で発達し数多くの流派に分かれ、呼び名も小具足、和、和術、捕り手、体術、柔、柔道、腰の回り等々多様であった。幕末には一六〇もの流派が数えられる。もともと実戦用の武術であるから危険な技が多く、他流試合では死者が出ることも珍しくはなかった。太平の世が続くと実戦的な意味は失われるが、武士のたしなみとして各地の藩校の教科目となり、精神修養の意味からも修行する者は多かった。

しかし幕末になり、鉄砲や大砲を主体とする西洋式の戦法が導入されるようになると柔術は色あせ、さらに明治維新後は武士階級の没落とともに柔術はその担い手を失う。諸流派は柔術の生き延びる道を模索して道場経営や興行に乗り出したり、警察に柔術教師の職を求めたりした。警察は早くから逮捕護身の術を身につけていた下級武士を多く採用していたが、明治十六年柔術を正式に必修科目として教育することとし、関口流、良移心頭流《りょういしんとうりゅう》、起倒流《きとうりゅう》、楊心《ようしん》流《りゅう》、竹内三統流などから師範を招いた。警察の総元締め警視庁の柔術師範をどの流派が押さえるかということは、各流派ともその盛衰をかけた一大関心事であった。

講道館柔道の創始者である嘉納治五郎が己の流派を世に広めようと考えたのは、このように日本の伝統的な武術が衰退の危機に瀕しているときであった。

治五郎は一八六〇年（万延元年）摂津国菟原郡御影村（現兵庫県神戸市東灘区）に、幕府海軍管材課長嘉納次郎作希芝《まれしば》の三男として生まれる。この年は一月に幕府の公式使節団がアメリカの軍艦に乗って初めてアメリカに向かい、その護衛に日本の軍艦咸臨丸が派遣され、三月には開国に傾いた井伊大老が江戸城の桜田門外で水戸浪士に斬られるという、攘夷と開国をめぐって日本が大きく揺れた年であった。治五郎はこのような激動の時代を肌で感じながら育ったことであろう。幼い頃から漢学や書など伝統的な教養を身につける一方で、十歳で上京してからは外国語の習得に熱意を示す。十二歳で神田の箕作秋坪《みつくりしゅうへい》塾に入って英語を学び始め、翌年には芝烏森の育英義塾に入る。この学校はオランダ人が教頭で、助教はドイツ人、授業はすべて英語で行われていた。ここで英語に磨きをかける一方でドイツ語も学ぶ。一年後東京外国語学校の英語部に進学し、その後国立開成学校へ転学し、開成学校が東京帝国大学となった時同大学文学部一年に編入になる。

育英義塾以来、治五郎は勉強に関しては他の生徒に引けを取ることはなかったが、生来小柄で体力がなかったため仲間から軽んじられることが多かった。これを口惜しく思った彼は柔術で体を鍛えたいと考えるようになる。しかし父親の許しがなかなか得られず、日本橋大工町にあった天神真楊流《てんじんしんようりゅう》の福田八之助の道場の門を叩き、柔術の手ほどきを受けるようになったのは、治五郎が東京帝国大学に入った十七歳の年である。稽古に精進したおかげでめきめきと腕を上げ、十九歳の時（一八七九年）には来日したアメリカの前大統領グラント将軍の前で天神真楊流の家元磯正智や師の福田八之助らとともに柔術を披露するほどになった。その年福田が病死すると遺族から道場を委されて指導するようになる。その一方で磯正智に師事して当身や逆技といった「形《かた》」を学ぶ。一八八一年磯正智が亡くなると飯久保恒年の門に入り起倒流柔術を修行し、柔術修行は合わせて五年に及ぶ。この間一八八一年七月に東京帝国大学文学部政治科及び理財科を卒業し、同じく文学部の道義学及び審美学をさらに一年学び、一八八二年（明治十五年）卒業と同時に学習院教授に任命される。同じ年の二月、治五郎は下谷区北稲荷町の永昌寺の境内に小さな道場を構え、柔術を中心に据えて知育と体育と人間性の訓育をめざす嘉納塾を発足させた。

当時の日本で最高の教育を修めながら、立身出世を求めて官吏の道を進むのでもなく、富を追求して経済界に入るでもない治五郎の行動は周囲の人間には理解しがたいものであった。しかし彼は生来人にものを教えるのが好きなので、自分が柔術の修行を通して虚弱だった体が健康になり性格も落ち着きをえて自信が出てきたという経験を踏まえて、柔道教育を通して有能な人材を育てるという新しい教育法を考えていたのだ。親戚や知人から指導監督を頼まれた子供達や、治五郎を慕って集まってきた少年達に柔道教授の手伝いをさせながら、柔道や勉学だけでなく生活全般を指導していくつもりであった。

この際治五郎は古い時代の戦闘の技であった柔術に代わって、新しい時代にふさわしい人間を作るための心身鍛練の道を教えるという意味で、自分の考えているものを講道館柔道と名付けた。従来の柔術と治五郎の柔道との違いを具体的に上げれば、柔術では刀や槍による攻撃や、蹴り、突きなどの必殺の技を想定してそれに対する攻防であるため、練習する場合あらかじめ取りと受けの動作を決めて行わなければ危険である。従って「形」の稽古が主で、実際の試合はできなかった。そのため治五郎は柔術の技から危険な手を禁じて、自由に技をかけあって勝負をすることができるようにした。こうして、肉体上で人を制し、制せられざる術を習得することができるようになる。

三　フランスの柔道前史

一九九六年フランス柔道連盟は設立五〇周年を迎えた。これを記念してさまざまな事業が行われたが、その一つとしてフランス柔道の歴史をたどる書籍が出版された。『柔道　その歴史その成功』と題されたこの本は、元フランスナショナルチームのメンバーで柔道六段、現在ボルドー大学スポーツ学部の教授をしているミシェル・ブルッスの執筆によるもので、貴重な資料や写真をふんだんに使っていて興味深いが、とくにフランス柔道前史とも言うべきところを丹念に辿っていて得がたい。しばらくこの本から資料を借りる。

十九世紀の末頃には、ヨーロッパやアメリカの各地に欧米の進んだ文物を学びに来た日本人の姿が見られるようになる。彼らの中には個人的に柔術の技を披露する機会に恵まれる者もあり、ヨーロッパ人にも少しずつ柔術の名が知られてくる。一九〇〇年のパリ万国博覧会の時には柔術の演武もあったと思われるが、これは記録が残っていない。一九〇一年のパリの警察関係の記録によると、東京の検事総長がパリの警視庁を訪問した際に、フランスの警官の中にあまり体格が優れない者もいるのを見て、日本の警察で活用している技を披露して、フランスでも試みるように勧めた、とある。

一方、視察や留学に来たエリート日本人だけでなく、さまざまな形でヨーロッパに渡り、彼の地で柔術を教える者が出てくる。多くの場合、ふとした折に日頃たしなみのある柔術の技を使ったところ、思いがけない効果に自他共に驚き、それを教えたりショーに出演して生活の資とするようになったのであろう。一九〇三年にパリのミュージックホール「アルハンブラ」の舞台で柔術の演武を行った者がいて、一時パリっ子の関心を引いた。一九〇〇年前後からイギリスでも谷幸雄、上西貞一、三宅太郎、大野秋太郎など日本の柔術家によって幾つかの道場が開かれた。どれも古流の柔術で「柔術《ジウジツ》 jiu-jitsu」と呼ばれ、今で言う護身術を中心に教えていた。また見せ物としての興行も行っていた。そのような日本人から柔術を習ったイギリスの技師バルトン＝ライトが一八九九年ロンドンでバルティッ・クラブという学校を開いた。これはヨーロッパで最初の柔術学校と言われている。もとより本物の柔術ではなく、柔術にインスピレーションを得た身体鍛錬法で、自分の名前のバルトン Barton と柔術《ジウジツ》をもじってバルティッ Bartitsu と名付けたのである。開校間もない頃にここを訪れた好奇心の強い人間たちの中に、シャーロック・ホームズの作家コナン・ドイルの顔もあった。シャーロック・ホームズがその最後の戦いで、邪悪なモリアルティー教授を柔術の技を使ってみごとに破ることが出来たのは、バルティツ・クラブにおける見聞のおかげである。フランス人の中にもバルティツ・クラブの影響を受けた者がいた。フランス北部の町リール出身のエドモン・デボネで、彼は軽いバーベルを使った筋肉鍛錬法に興味をもち、今でいうボディービルのようなことを研究していた。たまたまロンドンに行ったとき、バルティツ・クラブで二人の日本人に会った。この貧弱な体つきの日本人を難なくひねりつぶせると考えたのだが、その判断がとんでもない思い上がりだったことをやがて彼は認めざるを得なくなる。柔術の有効性を知ったデボネはパリに戻ると、グレコ・ローマン型のレスリング教師エルネスト・レニエに話を持ちかけ、デボネの出資で柔術の道場を開設することにした。デボネがパリの目抜き通りシャンゼリゼに近いポンティウ街五十五番地に場所を定め、盛んな前宣伝を繰り広げている間に、レニエはロンドンで柔術の習得に励んだ。一九〇五年の秋、レスリング教師が柔術教師となって帰ってきてからは、さらに大がかりな宣伝で「日本式武術」の有効性を売り込んだ。あまりに派手な宣伝がレスリングやボクシングの教師たちの反感を買い、まもなくボクシング教師のジョルジュ・デュボワが試合を申し込んできた。デュボワは四〇歳、ボクシングを教え恐るべきボクサーとしても知られ、フェンシング教師でもあり、重量挙げでも一流という猛者である。身長一・六八メートル、体重七五キロ。一方レ＝ニエ（ジウジツ教師になってからレニエは名前を日本人風にレ＝ニエと分けて書いていた）は三十六歳で身長一・六五メートル、体重六三キロ。両者とも小柄な方で、体重においてややデュボワが勝っていた。デュボワは雑誌『体育』に寄稿して、「全く平然と我々の関節をひねりにヨーロッパにやってくる日本人」を皮肉り、ギリシャ、ローマ時代から二千年にわたって学んできた正統な格闘技が今や東洋の怪しげな技によってねじ伏せられようとしている、と憤慨する。

デュボワの挑戦はたちまちスポーツ新聞に大きく取り上げられ、パリじゅうの話題になる。試合の規則は簡単で「噛みつくこと、眼をつぶすこと、下腹部を傷つけること以外はすべて許される」というもの。場所の選定に苦労して何度か延期になったあげく、試合は一九〇五年十月二十六日、場所はパリの西九キロにある郊外の町クールブヴォワのヴェドリーヌ自動車工場の敷地内と決定した。前評判が高く、パリ市内では混乱が予想されるとして警察の許可がとれなかったのだ。試合は公開ではなく専門家だけが入場を許された。スポーツ専門紙『野外生活 La Vie au grand air』の写真が残っているが、十二メートル四方に綱を張って作った広々としたリングを囲んで試合をのぞき込んでいる観客は、みなシルクハットか山高帽で正装した紳士たちで、そのなかに毛皮の襟巻きをした女性がちらほら。闘っているレ＝ニエも上着を着ており、デュボワはジャケットに赤い手袋といういでたちであった。試合の経過を伝える自動車とスポーツの専門紙『自動車 L'Auto』の記事によると「そこには五百人を越える招待客がいた！パリじゅうの著名なスポーツマンはみな顔を揃えている。ボクシングの花形選手が自動車レースの第一人者と並び、有名なフェンシング選手たちもリングのまわりにひしめき、スポーツ記者たちは全員勢揃いしていた……」という状況であった。

結果はあっけなく終わる。レ＝ニエがデュボワを「腕ひしぎ」で押さえ込んで六秒で勝った。「今や『ジウジツ』という言葉はまるで勝利のラッパのようにパリのいたるところで鳴り響いている。街でも、新聞紙上でも、ミュージックホールでも」とある新聞は報じた。レ＝ニエのクラブにはパリの上流社会の人士が続々と登録した。

ミシェル・ブルッスはこの当時のジウジツの大流行の理由をいろいろな角度から分析している。

十九世紀の末頃までスポーツは上流階級の社交生活の一部で、限られた社会内での飾りにすぎなかった。産業の発展と共に都市化が進み、人々の暮らし方や余暇の過ごし方に変化が出てくると、町なかで手軽にスポーツをする施設としてスポーツクラブが生まれた。スポーツの大衆化である。パリのスポーツクラブは、一九〇〇年には一五六ヶ所だったものが一九〇五年には一八七ヶ所、一九一〇年には二〇二ヶ所になった。クラブの数が増え顧客獲得競争になると、設備の豪華さ、種目の多様さ、開設クラス数の豊かさを競うようになる。ジウジツは客を引きつける目玉商品になった。また十九世紀末には、日本への旅行者や研究者が伝える日本の姿がフランス人の興味を引いた。関心は日本の文学や絵画、造形など広い分野に及び日本趣味《ジャポニスム》と呼ばれる傾向になる。この流れもジウジツの流行に加勢した。さらにフランスは一八七〇年普仏戦争でドイツ軍に破れて以来、国民の体位向上が重要課題になっていた。教練や学校体育の充実に力を入れてドイツに負けない強い国民を作ろうと努めており、この面からもジウジツに注目する者が出てきた。一方、社会が工業化されて日常生活で力をふるう場面が少なくなると、格闘技でも筋力のシンボルのような種目は人気が後退し、もっとスマートで効率的な闘い方が好まれるようになった点も見落とせない。冷静さ、気力、臨機応変といったことが求められ、人体の仕組みを十分に知り、力を有効かつ美的に発揮するジウジツに人気が集まるようになる。ジウジツの技のなかではとくに巴投げがもてはやされた。大腰や背負投などは瞬発力を利用して相手を倒すのだが、巴投げは相手の形勢をうまく利用して自分より体重のある相手を易々と宙に舞わせることができ、理性が筋力に勝ったということだととらえられた。また、ごく普通の体格体力の人間でも、自分よりずっと力のある相手を倒すことが出来るというのはなんといっても目新しく、魅力的だった。

デュボワに勝ったレ＝ニエのもとには自分一人では捌ききれないほどの生徒が集まる。ジウジッについての出版依頼は六〇件も舞い込み、パリの有名なキャバレーであるフォリーベルジェールに出演するなど大変な売れっ子になった。当然これまで格闘技の興行で稼いでいたレスラーたちは面白くない。ある日レ＝ニエが観衆に力くらべの挑戦をしたところ、レスラーのウィスラーが名乗り出て舞台に上がり、レ＝ニエを頭突きで倒した。同じ頃ロンドンでも谷幸雄と東《ひがし》カツクマが対戦し、急所をやられた東が病院にかつぎ込まれる事件があった。これでジウジッは危険な技であるという認識が広まってジウジッに対する熱が急速に冷める。それから数ヶ月後、レ＝ニエはレスリングの世界チャンピオンにもなったことのあるパドブニーの挑戦を受けた。挑戦者は身長一・八三メートル、体重一一二キロ、首周り五〇センチという巨漢である。パドブニーは上着なしで闘うことを要求し、掴むべき袖も襟もない相手に対してレ＝ニエは為す術がなく敗退し、これでスポーツとしてのジウジッは息の根を止められた。

しかし警察と軍隊においてジウジッへの関心は生き続けた。一九〇五年パリ警視総監は市内の犯罪が増え逮捕が困難になってきたのを憂慮して、警官にジウジッを習わせることを決定した。これは警官の活動に自転車及び潜水服が取り入れられたことに続く、社会の要請に基づいた決定であり期待も大きかった。ジウジッを体得している警官は強い、という観念が広まったのが何よりの収穫だった。一方軍隊の方も、一九〇五年駐米フランス大使館付きの陸軍武官が陸軍大臣に当てて報告書を送り、アメリカの軍隊がジウジッと呼ばれる日本の格闘技を訓練に取り入れることを考慮中であると伝えてきた。講道館の山下義韶《よしつぐ》がアメリカに渡り、時の大統領ルーズヴェルトなどに柔道を指南した結果であった。そこでフランス陸軍もジウジッの採用を検討した。その結果本格的にジウジッ修行するには長い時間が必要であるが、軍隊では職業的な武術家を養成するのが目的ではないので兵隊の体位向上のために有益な技をいくつか取り入れる程度でよい、ということになった。警察と軍隊が関心を持ったのは、犯罪者逮捕の術や簡単な護身術という程度のものであった。

こうしてジウジツはスポーツの分野からは姿を消して、警察や軍隊の訓練の中と、縁日の人混みの中で見世物興行としてかろうじて残った。レ＝ニエがロンドンで習った教師は天神真楊流であり、この頃のフランスにはまだ嘉納治五郎の柔道は普及していなかった。

四　フランスと柔道の出会い

ヨーロッパに初めて講道館の柔道が伝えられたのは、一八八九年（明治二十二年）嘉納治五郎が宮内省から派遣されて初めてヨーロッパを訪れたときのことである。彼はマルセイユに上陸しヨーロッパ諸国をまわって教育状況を視察したが、同時に各地で日本文化の一端として柔道を紹介した。日本は外国から優れた文物を吸収して一日も早く欧米並みの先進国になろうと努力しているが、しかしただ吸収するばかりで与えるものがなければ相手と対等とは言えず、彼等の尊敬を勝ちうることはできないというのが嘉納の持論であった。ところで柔道は身体の鍛錬と同時に精神の修養にもなる。これこそ日本が誇りうる文化であり、世界の人々に伝えて共有財産とすべきものであると治五郎は固く信じていた。彼はこの後も中国（当時の清国、及び中華民国）、アメリカ、ヨーロッパなど海外を十二回も訪れて、柔道の宣伝普及に努めた。一九一二年（明治四十五年）ストックホルムで開かれた第五回オリンピックに日本が初めて参加した際、オリンピック役員として同行した嘉納は近代オリンピック提唱者のピエール・ド・クーベルタンと知り合い、柔道の理念と原理を説いてクーベルタン男爵の共感をえた。クーベルタンはそれより六年前の一九〇六年に雑誌『オリンピック』の中の記事で「ジウジツはスポーツか?」という問いを発し、これに否定的な答えを与えた。優れた護身術だが本物のスポーツではない、というのである。「本物のジウジツの試合(これはほとんど行われることがない)以外では、ジウジツはきまりきった不完全な練習しかできない。(……)これに対してフェンシングやレスリングはまがい物ではない。慎重に考えて決められた規則によって限界が定められており、その範囲内では、自由に力を尽くすことができる。レスリングのリーチを縮めるようなものは何もない。しかしジウジツでは大部分の攻撃はその動きをざっとなぞることでがまんしなければならない。もっと深くやろうとすれば相手を不具にする恐れが常にあるからだ」というのが、その当時のクーベルタンの見解であった。しかし嘉納治五郎に会ってジウジツと柔道の違いを知った。後に彼はその著作『スポーツ教育学』の中で、武術から出発した柔道が、その当時まだ多くの人々が信じていたような神秘的な術などではなくて、人間の身体にある急所をうまく突いて相手を打ち負かす合理的な技であること、さらに練習を積めば人体の力学を巧みに利用して相手に隙を作らせ、それに乗じることができると、その新しさ、有効さを強調している。

治五郎の最初のヨーロッパ訪問のときに柔道が彼の地でどのように受け入れられたかは記録がないのでよく分からないが、彼はパリではソルボンヌ大学の教育学の専門家と話し合っているから、ここでは青少年の教育の場における柔道の効用を力説したのではないだろうか。嘉納と接したヨーロッパ人は彼の優れた柔道理論はもちろんだが、学習院教授や第一高等学校および東京高等師範学校の校長を務めたほどの学識と見識の高さ、つねに世界を視野に入れて語る規模の大きさ、そして高潔な人柄と柔道にかける情熱に強い印象を受けた。彼は英語とドイツ語を流暢に話せたので欧米人と語るのにあまり不便を感じなかった。また最初のフランス訪問の際にはパリに三ヶ月滞在してフランス語を学んだ。後に貴族院議員に任命されたり日本で初の国際オリンピック委員会の委員になる幅の広さもヨーロッパ人を魅了した。彼は柔道が力を競い合う単なる格闘技ではなく、人間の体の構造に基づいて組み立てられた合理的な動きで自己の力を最大限に発揮し、さらに相手の力をも利用する画期的な技であることを説いた。

柔道を初めて本格的に学ぶために来日したフランス人は海軍の軍人ル・プリウールで、彼は一九〇八年六月に横浜に到着した。日本語を学びながら翌年一月から数寄屋橋道場に通い始め、やがて講道館の嘉納治五郎、横山作次郎に紹介され以後横山に師事する。彼は横山が執筆したばかりの柔道の解説書を仏訳する事を思い立った。このフランス語の柔道入門書はプリウールの帰国後一九一一年に出版された。もちろんフランスではじめて出された柔道の本であり、この後三十年近くも類書は現れない。貴重な本である。しかしフランス柔道にとって残念なことに、彼の興味はやがて草創期にあった飛行機に向かい、柔道を捨てた。講道館に正式に入門した最初のフランス人はモリス・フンクで、一九一一年四月十四日に登録している。また一九一七年に十七歳のフランス少年フォルチュネ・オブレが日本にやってきて、七年間滞在し柔道を習った。彼は初段を得て帰国したが、フランス北部のノルマンディーに住んだため練習を続ける機会がなく、長い間柔道を離れなければならなかった。第二次世界大戦後彼は柔道を再開し、グランヴィルの柔道クラブの会長になる。

一九一〇年代のフランスではジウジツも柔道も無関心の中に見捨てられていた。これにたいしてイギリスでは、一九〇五年に渡英した小泉軍治が一九一八年に柔術のクラブを作り、少しずつ会員を増やしていった。

小泉は十八歳の時海外雄飛を志して朝鮮に渡り、二十歳でアメリカ行きを決意し、西回りの貨物船に乗って港伝いにイギリスのリヴァプールにたどり着く。一文無しだったので、船の中で見た雑誌に広告が乗っていた「足利柔術スクール」を訪ねてここで教えることになった。これはイギリス人がやっていた柔術の通信講座で、これまで日本人教師はいなかったが名前だけは日本人風に「足利」と名乗っていたのである。時々生徒が学校を訪れたが、いつも教師がいないので評判を落としてしまっていた。小泉が先生になっても生徒がさっぱり集まらず、そのうちに舞台でレスラー相手のショーに出るように勧められる。小泉は柔術を見世物興行として扱うことに不満を持ち、リヴァプールを去ってロンドンに出る。ロンドンでしばらく働いて金をためてからアメリカに渡ってそこに三年いたが、またイギリスに戻ってきた。一九一〇年のことである。ロンドンで電気事業を始めるがうまくゆかず、次に東洋の美術骨董品を扱う仕事をやり、これが軌道に乗った。経済的に余裕ができたので、一九一八年好きな柔術を教えるためにそのころロンドンのジウジツ・ショーで活躍していた谷幸雄と一緒に「ロンドン武道館」を作った。これは後に武道会と名前を変える。谷は身長一・五七メートル、体重六〇キロと小柄だったが「ポケット版ヘラキュレス」とあだ名されたほどの怪力の持ち主であった。父親が東京築地で天神真楊流の道場を開いていた。小泉も同じ流派の出身だったので武道館では天神真楊流を教えていたが、一九二〇年嘉納治五郎が三度目にヨーロッパを訪れた際に講道館に入門し、以後講道館の柔道を教えるようになる。講道館の門人で嘉納治五郎に同行してヨーロッパ柔道の指導に来ていた会田彦一が小泉に講道館の形や技を教えた。一九六五年に七十九歳で亡くなるまで、小泉は長い間ヨーロッパの柔道界に大きな影響を与えてきた。

会田は嘉納が帰国した後もヨーロッパに留まってイギリスやドイツで教え、一九二四年にパリに来た。パリでは最も大きいスポーツクラブ、スポーティング・クラブで柔道についての講演を行ったり、技術指導をしたりした。その年の末会田がドイツに去ると、代わりに陸軍の招聘を受けて講道館から石黒敬七が派遣され、パリを本拠地として広い範囲で活躍を始めた。石黒は泊まっているホテルに道場を作り、警官や学生のあいだに愛好者を増やしていく。その一方、モンマルトルにも道場を新設し、さらに十五区のネラトン街にあったスポーツ会館に柔道部門を作る。さらにフランスだけではなくルーマニアやエジプトにまで足を伸ばして精力的に指導したので、パリでは席の暖まる暇もなかった。柔道の宣伝のためのデモンストレーションも何度か実施した。中でも『一徹者　L'Intransigeant』という雑誌が企画して、当時すでにパリで有名になっていた画家の藤田嗣治を相手にパリのオペラ座で見せた形《かた》の模範演技や護身術には、大統領や閣僚、パリの名士たちが顔を揃え大変な評判となった。しかし、話題作りが成功した割には弟子の数は増えず、弟子の定着率も悪かった。好奇心と異国趣味に惹かれて道場にやってきた者も、稽古がいつも同じメニューで新しみがないため、まもなく飽きてやめてしまう。ジャン＝フィリップ・ダミーの『フランス柔道の功績者名簿』（CES　一九九〇年）に「一九二五年のパリの柔道」と題した文章があり、石黒敬七に柔道を習ったことのあるベルナール・ルロールが当時の石黒の柔道のレッスンについて次のように語っている。

> 私は当時十九歳だった兄のロジェに連れられて九歳の時に柔道を始めました。授業はパリの冬季競輪場《ヴェロドローム・ディヴェール》に設けられたリングで石黒先生が指導していました。先生は一九二五年当時すでにかなりの年輩で、元軍人でした（註　これはルロールの記憶違いであろう。石黒は当時三十歳前後で、軍隊に入ったことはない。ただし渡仏はフランス陸軍の招きによるものだった）。この新しいスポーツを習っていた生徒は全部で三十人ほどいましたが、毎回来るのはせいぜい四、五人でした。生徒の平均年齢は三十歳といったところでした。石黒先

生の授業は一定していなくて、初めにウォーミングアップの体操、それから立ち技を幾つか、そして最後に寝技です。時には乱取りで終わることもありました。当時先生はこのスポーツの宣伝のため演武会をしようと考えていました（きっとそれを映画にとるつもりだったのでしょう）。私が一番軽かったし、先生は相手をとても高いところから投げて華々しい投げ技の効果を演出しようとしていたので、私が相手に選ばれました。でも残念ながらそれは実施されませんでした。石黒先生の所では、帯は三つのタイプがありました。まず白帯で、これはかなり長い間つけていました。それから茶帯で、これはもっと長くつけてました。そして黒帯、星一つ、星二つ、……。私は十二回ぐらいで習うのをやめましたが、兄はかなり長い間やっていたのでその頃「名誉黒帯」なるものを貰いました。また我々と一緒に習っていたアメリカ人が黒帯を貰ったのを覚えています。

（……）

『百万人の柔道家――フランス柔道の歴史』（クロード・ティボー著　アルバン・ミシェル社　一九六六年）の著者は「フランスに七年間滞在したが、石黒はこのスポーツを根付かせることにも、弟子に慕われることにも成功はしなかった」と厳しい。石黒敬七は昭和二〇年代初め、日本ではラジオが国民の主要な娯楽だった時代にＮＨＫのクイズ番組「とんち教室」のレギュラー回答者として活躍して、世間に名が売れていた。それに飄逸な絵と文の才能もあり、新聞雑誌にパリの柔道指南時代のエピソードを漫文で綴ったりしていたので、フランスに柔道を根付かせた人といえば「石黒ダンナ」と考える人間が日本には多い。しかし実際には石黒がフランス柔道に及ぼした影響は微々たるものであった。その頃石黒とは無関係のところで、柔道の芽ばえがあった。

一九二九年、パリ五区のテナール街一番地にあったパリ公共土木工事専門学校の中にジウジツクラブができた。作ったのはこの学校のなかにあったフレデリック・ジョリオ＝キュリーの研究室の助手をしていたモシェ・フェルデンクライスという二十五歳の男だった。

フェルデンクライスは一九〇四年ロシア系ユダヤ人としてロシアに生まれた。一九一七年に起きたロシア革命の後、イギリス政府が「パレスチナにユダヤ人の国家を建設することを前向きに検討する」としたバルフール宣言を発表したのを受けてフェルデンクライスはパレスチナに移住する。彼が十四歳の時であった。彼は知的にも肉体的にも優れていたので通常五年かかる中等教育の課程を二年で終え、高校の校長の勧めに従って物理を勉強するためにパリにやってきた。まもなくフレデリック・ジョリオ＝キュリー（一九三五年ノーベル賞受賞）の研究室の助手となることができて、研究者の道を歩いていく。当時の物理学界の耳目をひいたアメリカの物理学者ヴァン・デ・グラーフの大起電機の電圧度に関する学会発表をするなど研究成果もあげた。後には磁力や超音波探知の研究にもたずさわる。

一方で彼は格闘技にも関心を持っていた。パレスチナにいた頃テルアヴィヴのボクシングクラブで柔術のてほどきを受けジウジツに興味を持っていた。人体の仕組みを十分に知り相手の動きを利用して技をかけ、小さな力で大きな効果を上げるこの種目に科学者らしい目を向けて、ジウジツの技を力学的に分析したいと思っていた。彼の人柄と、公共土木工事専門学校の学長父子の援助のおかげで、学校内に「フランス・ジウジツクラブ Jiu-Jitu Club de France」が生まれた。コンクリートの床にコルクの屑を敷き詰めて、その上に厚いボール紙をのせ、さらにそれをシートで覆った道場である。この場所は学生街の真ん中にあり、ソルボンヌ大学やコレージュ・ド・フランス、ラディウム研究所、公共土木工事専門学校などのグランド・ゼコール（エリート養成のための国立高等教育機関）に近く、学生や教授達がよく出入りしていて知的な雰囲気があった。この当時フランスの科学者や知識人、教育関係者の間では肉体を鍛えることに関心が集まっており、ジョリオ＝キュリーもスキーやテニスに熱中した。このような知的レベルの高い人々の関心に応えるため、やがてフェルデンクライスはジウジツに関する本を書き始める。その中で彼は人間の体の動き方や力のかかり方を分かりやすく科学的に分析し、図入りで説明した。一九三三年に嘉納治五郎は五度目のヨーロッパ訪問をして、各地で柔道の宣伝普及のためのデモンストレーションを行ったが、パリでもフランスの教育相らの前で講演と実演をした。フェルデンクライスは講道館の創設者の来仏を、ジウジックラブの後援者の一人であるシャルル・ファルーに教えられた。この時のことをフェルデンクライスはこう語っている。

彼（シャルル・ファルー）は嘉納治五郎という人が日本大使と教育相の前で実演をすると知らせてくれた。（……）デモンストレーションはすばらしかった。その後で、私が自分の本を渡した日本人がやってきて、嘉納氏が私に会いたがっていると伝えてきた。私はいささか感動した。大使は私を彼のロールス・ロイスに乗せ、ホテルまで連れていってくれたが、その大広間の床には畳が敷いてあった。嘉納氏はフランス語、英語、ドイツ語を話し非常に教養のある人だった。（……）彼は私の本を見て大変驚いた。というのは、そこにこれまで彼が見たこともないようなテクニックを見つけたからだ。私はいわば自分でそれを考え出したのだと言うと、彼は講道館のプログラムにそれを登録し、私に直筆の証明書を送ってくれた。

フェルデンクライスの本はヘブライ語で書かれていたので嘉納には読めなかったが、技の効果を力学的に分析した説明図を見ただけでその本の画期的な意義が分かった。フランスに柔道を根付かせるのはこの男だろうと嘉納は思った。翌年再び嘉納がヨーロッパにやって来たとき、フェルデンクライスに記録映画をおみやげに持ってきた。三船久蔵や永岡秀一その他講道館の高弟達の試合や模範演技の実写であった。この男に対する嘉納の期待のほどが察せられる。一九三八年に出版されたフェルデンクライスの『柔道入門』に嘉納治五郎は序文を寄せて次のように述べている。

一九三三年九月二十日、パリの公共土木工事専門学校で体育教育副大臣のデュクロ氏のご臨席の下、私が柔道について講演をした後で、聴衆の中にいたこの本の著者が私に会いに来て、ヘブライ語で書かれた柔術についての彼の本の批評を求めてきた。ヘブライ語は分からなかったがフランス語の翻訳に目を通して、この本は私が心に抱いている真の柔道の概念と完全に一致してはいなくても、この主題について日本語以外の言葉で書かれた最も優れた作品であると確信できた。この本の著者は、真の柔道を学べば、きっとすぐにこの体系を完全に理解できるようになるだろう。

一九三六年九月嘉納治五郎のパリ訪問の機会に、これまで内輪の存在だったジウジツクラブは公式なものとして設立されることになる。そして、その前年の一九三五年にパリにはもう一つの道場が開かれた。ロンドンからドーヴァー海峡を越えてやって来た一人の日本人を迎えて開設されたものだ。男の名は川石酒造之助という。

五　酒造之助海を渡る

川石酒造之助は一八九九年（明治三十二年）姫路市手柄に生まれる。生家は造り酒屋で、父孫次郎は六人の息子達にみな「酒造《みき》」の字を与えた。酒造之助は五男で兄四人姉二人、下には弟がいた。兄弟の中でもとくにきかん気で暴れん坊の酒造之助を父は溺愛した。酒造之助が喧嘩で負けて泣いて帰ってくると「今度は向こうを泣かせてこい」とまた送り出し、息子が勝って帰ると喜んで迎え、後から泣かせた子供の親にそっと詫びにいくような父親だった。この父は酒造之助が五歳の時に亡くなったが、跡を継いだ長兄が親代わりになって面倒をみてくれた。小学校時代は勉強よりも運動が得意で、相撲やチャンバラ、戦争ごっこ、船場川での水泳と、夏も冬も真っ黒になって遊び、近所でも評判のガキ大将だった。家の近くの手柄山が本拠地だったが、時には歩いて浜まで遠征し、どこまでも広がる海を眺めては遠い未知の世界に憧れた。

一九一四年（大正三年）に姫路中学に入学する。明治十六年創立のこの中学は当時体育教育に力を入れていて、体操のモデル校であった。日本の学校教育にスエーデン体操を導入した永井道明が校長をしていた影響である。また英語教育にも熱心で外国人教師が常勤していたため、海外にも目を向けるのびのびとした雰囲気があった。中学に入って柔道に出会った酒造之助はまもなくその面白さのとりこになる。学校の稽古だけではもの足りなくなって市内の武徳殿で行われていた夜の稽古に参加させてほしいと兄に頼んだが、中学生の夜間外出はだめだ、と兄は厳しかった。しかし根気強く頼み込み、とうとう一時間の稽古を認めて貰った。酒造之助の腕はめきめきと上がり、姫路中学の川石といえば市内では聞こえた名になる。彼の三年後輩にあたる作家の阿部知二が後年酒造之助について「柔道大会で活躍する雄姿を、下級生の私は感嘆して見ていたものだ……」と述べている。

一九一九年（大正八年）中学を卒業し京都の三高を目指したが、運悪く試験当日に風邪を引いて受験できなかったため、その年九月に上京して早稲田大学の予科に入学する。当時早稲田は九月に入学試験があった。予科から大学の政治学科に進み、その間柔道部に入り柔道にも精進した。一九二〇年九月講道館に入門し翌年一月に初段をとり、七月に二段に進む。さらに一九二二年に三段、一九二四年に四段と昇段する。

当時の柔道界には京都の大日本武徳会と東京の講道館という二大勢力があり、それぞれが段位を出していた。大日本武徳会は、明治二十八年、桓武天皇の平安遷都千百年を記念して「武道を奨励し、武徳の涵養を計り、国民の士気を振作すること」を目的として創立された。日清戦争があって尚武の気風が高まってきた時代である。初代総裁には小松宮彰仁親王を戴き皇室との関わりが深く、西日本に大きな影響力をもっていた。酒造之助は姫路の武徳会で稽古をして初段をもらっていたが、東京に出てから講道館の門をくぐった。早稲田の柔道部はそのころ部員数五百名を超す大所帯で、初段が四十数名もおり、最高段は石黒敬七の四段であった。酒造之助が政治学科を選んだのはいずれ政治の世界で活躍したいという望みを持っていたからで、国際的視野に立つ規模の大きな政治家になりたかった。学生時代にすでに政治的な動きを見せている。早稲田大学軍事研究団発足に向けてのリーダーの一人だったのである。

一九二二年に調印されたワシントン軍縮会議の結果、日本でも海軍の軍縮が断行され、続いて陸軍の軍縮も始まる。このような事態に危機感をもって、陸軍は教育の軍国主義化を押し進めようと考え、早稲田大学に軍事研究団を組織することを計画した。早稲田大学に参謀本部と深い繋がりのある教授がいたので、その縁をたどってまず早稲田に組織を作り、それを各大学にも広げてゆけると陸軍側は期待していた。社会的に右翼の行動が激しくなり暴力的になってきた時代である。酒造之助は柔道部の師範や、早稲田の先輩で校友の間に右翼団体縦横倶楽部を結成した森傳らに同調して、運動に積極的に加わった。卒業前年の一九二三年（大正十二年）五月十日、陸軍次官白川義則、中島近衛師団長、並びに石光第一師団長、その他二十余名の軍人達を迎えて早稲田大学軍事研究団の発足式が開かれることになった。ところが会場には早稲田の雄弁会の学生を中心に大学の軍国化に反対する一般学生などが押し寄せ、「早稲田を軍閥に売るな」と激しいヤジを浴びせて、団長の青柳篤恒教授の訓辞や来賓の祝辞も聞こえないほどの混乱となる。十二日には雄弁会主催の軍事研究団反対の学生大会が開かれた。幹事の浅沼稲次郎が早稲田の軍国主義化反対の決議文を朗読し、続いて自由演説に移った。しかし柔道部員相撲部員らが演説中止を言い立てて妨害する、右翼の壮士達が乱入して演壇を占拠する、という有様で収拾がつかなくなる。これに対して学内の若手教授達や、青野季吉、小川未明、秋田雨雀といった先輩の文学者達が暴力で言論を封じる態度を非難して軍事研究団を排撃した。この事件は連日新聞を賑わし、教育の軍事化の是非、左右学生達の過激な行動の理非について多くの識者が論じた。騒ぎが大きくなり、ついに軍事研究団は解散を余儀なくされる。しかし軍事研究団解散に当たって柔道部、剣道部、相撲部、野球部、庭球部その他体育部の有志が早稲田大学中堅会を組織し、この際反軍事派の文化同盟も解散すべきだとする勧告書を作成した。「同会を代表して柔道部の川石酒造之助、鷹崎正見、相撲部の松尾吉郎の三君は十九日午前八時、高田総長を訪問し、左の勧告書を提出する事となった。（……）」と大正十二年五月二十日の東京朝日新聞は伝えている。

このように酒造之助は早稲田在学中に右翼的思想に傾いていったが、それはけっして狭い国粋主義ではなく、彼自身は広く国外を見渡し世界の中で日本の進む道を切り開く人間になりたいと考えていた。「俺には日本は狭すぎる」周囲の者には大言壮語のように聞こえても、酒造之助は本気で海外雄飛を考えていた。幼い日に憧れた海の向こうの世界がしだいに具体的な姿になってくる。

彼は大学を卒業したらアメリカに留学する計画を立てた。政治家になるための勉強をしながら広い世界を見てこようというのである。しかし実家の兄の同意は得られなかった。いくら酒造家で経済的に豊かといっても、当時子弟をアメリカに勉強にやるというのは大変な覚悟がいる。早稲田大学まで出ているのだからなにもそこまでしなくても、というのが長兄の気持ちであった。そこで大正十三年の春、大学卒業後は一時郷里に帰ることにする。兄の説得に当たったり、つてを頼って渡米計画を進め、機の熟するのを待とうというのである。その間に徴兵検査があり、彼は甲種合格となってその年の十二月一日福知山の工兵隊入営と決まる。これで兵役が終わるまでは渡米計画もお預けとなったので、入隊までの半年ほどの期間は就職することに決め、学校の紹介によって東京市役所の財務課に勤務する。入隊後は大学出の彼は幹部候補生として見習士官の教育を受けた。当時柔道四段というのはめずらしく、部隊では大事にされた。一年四ヶ月の軍隊生活を経験して、大正十五年三月に除隊となる。軍隊にいる間もアメリカ行きの望みを捨てず各方面に働きかけて、ついにアメリカからの招請状を手に入れるところまでこぎつけた。彼には自分のやりたいことは絶対に実現させようという気迫があり、そのために周到に準備し、ねばり強く人を説得するエネルギーがあった。「それほど行きたいのならまあ二、三年行って勉強してこい」と援助を約束してくれたのは次兄である。次兄は、弟が外国で勉強して人間的な幅ができて帰ってきたら県会議員にでも出そうと考えていた。こうして除隊の一ヶ月半後の一九二六年五月十七日、希望に胸を膨らませて彼は横浜からシアトルに向かう大正丸の乗客になる。酒造之助二十六歳の初夏であった。

九月十日、彼はロスアンゼルスを経てサンディエゴに着いた。英語に磨きをかけるためサンディエゴの州立大学に入学する。サンディエゴのあるカリフォルニア州には日本人移民が多く、彼らは日本人会を作って活発に活動していた。酒造之助が柔道四段と知って、日本人会のメンバーが日本文化を伝えるために子供達に柔道を教えてほしいと頼みこんできた。酒造之助も乗り気になって、柔道だけでなく、剣道や相撲などを含めた体育会と、それに弁論部を作って、夜間に日系二世の指導に当たった。政治家を志していた彼は、さまざまな民族が暮らしているアメリカに来て、弁舌で人を説得する技術の重要性をいっそう強く感じたのだ。酒造之助は熱心に稽古をつけたので評判が良く、会員が増えていった。さらに体育会を発展向上させるため彼は機関紙「体育新聞」を発行し、会員に有料で配布した。これも好評だった。一九二七年七月には日本人会が主催して南カリフォルニア柔道剣道大会を開催するまでになる。体育会の指導に対する謝礼などで生活は楽になり、サンディエゴの生活は快適だったが、所期の目的である政治学を勉強するためにまもなく彼はこの地を去る。日本人会のメンバーは慰留に努めたが政治家を志す酒造之助の勉学意欲はとどめ難く、体育会の基礎を作ってくれたことに感謝し、今後いっそう会を発展させてゆくことを誓って彼を送りだした。

彼は一週間かかってアメリカを横断する。アメリカの広大さを身をもって感じた。九月、ニューヨークのコロンビア大学に入学手続きをして、政治学と雄弁術を学ぶことにする。兄の期待に応えるためにも酒造之助はまじめに勉学に励んだ。

日本からの送金で不足する分は夕方や土曜日に働いて金を得たが、勉強の時間がなくなることがつらかった。それに、日本に帰ってから「アメリカ帰りの新知識」を看板に政界に乗り出そうとしたときに「川石はアメリカでは勉強よりも仕事に精を出して稼いでいた」と陰口をたたかれることを警戒して、働きに行っているようなそぶりは見せないようにしていた。酒造之助は帰国したら政界で活躍する、という希望をますます膨らませ、何事もそのための布石と考えていた。彼がニューヨークに着いて間もなく、日本の練習艦隊が入港し一週間ほど滞在したことがある。ニューヨークの日本人会は歓迎本部を作って盛大に歓待したが、酒造之助は同郷の姫路出身の水兵と和歌山県白浜出身の水兵の二人を個人的に案内し、ごちそうしてやった。学生の身なのでささやかな散財だったが、彼は後から歓迎本部に行って事情を話すと、この時の費用に案内の日当まで付けて返してくれた。「これがアメリカ式なのです。まあ、然し内緒ですがね。之で私が日本に帰って立候補すれば、少なくともあの二人は弁当持ちで応援してくれるでしょう、内幕さえ知らねば、ネ」と彼は兄へ手紙を書いている。

その一方、ニューヨークでも日系二世や柔道に関心を持っているアメリカ人を集めて、一九二八年九月「ニューヨーク柔道クラブ」を作る。彼はこの広いアメリカの西海岸にも東側にも日本人が移住しており、勤勉な働きで地道に生活の基盤を作り上げていることを実感する。どこにいても日本人は優秀なのだ、と彼は思った。一メートル七四センチの酒造之助は日本では背が高い方であったが、アメリカでは圧倒されるような大男が多い。しかし彼は体格で引け目を感じたことはなかった。日本人であるという誇りと、柔道を知っているという自信のおかげだ。この誇りと自信を日系二世の子供達に植えつけたい。そう思うと、指導にも力が入る。クラブには日系人と同じくらいアメリカ人が入ってきた。会員は全体で一四〇人程度であったが、彼の熱心な指導のおかげでどんどん増えていった。日本の柔道が外国人にこんなに関心を持って受け入れられるのは予想外であった。彼等は先生の技を見て好奇心と驚嘆に目を輝かせる。この時酒造之助は外国人に柔道を教える面白さを知ったが、それと同時に外国人に教える難しさにも直面する。彼等は実利主義者だから、実生活ですぐに役立つものを期待する。体の動きの基本をじっくり教えるとすぐに飽きるので、興味をつなぎ止めながら練習させる方法を考えなければならない。また言葉の問題もある。日系人の子供は多少なりとも日本語が分かるから柔道の教え方に苦労することはなかったが、アメリカ人にとっては、技の名前を覚えることは技そのものを体得することと同じくらいむずかしいのだ、ということに酒造之助ははじめて気がついた。外国人には日本人と同じ教え方をしても効果がないのではないか、彼はそんなことを考えるようになった。しかしなかなか良い方法は見つからない。

柔道指導を通して酒造之助はニューヨークの日本人社会に幅広い知己を得て、官民有力者の信望も厚かった。一九三〇年、酒造之助はコロンビア大学の課程を修了する。しかしすぐには帰国せず、見聞を広めるためにさらに一年間ニューヨークに滞在した。ニューヨークの四年間は勉学に柔道に充分力を尽くし、後に兄へ送った手紙に「予の紐育生活の四ヶ年は実に奮闘的なものであり、此の意味に於いて理想的に終始いたし候次第にて」と述べているように、自分でも大いに満足することができた。

一九三一年五月、酒造之助はニューヨークを出発してから南米やヨーロッパを回り、それから帰国の途につくことにした。これを知って柔道クラブの会員は名残を惜しみ、ニューヨーク総領事館、日本人会、邦字新聞、早大校友会、日本企業のニューヨーク支店長会など多くの団体も参加して、盛大な送別の宴を開いてくれた。送別会の席上手渡された感謝状を、酒造之助は記念として生涯大切に保存した。

感謝状

紐育柔道倶楽部師範川石酒造之助君今ヤ當地ヲ去テ帰朝ノ途ニツカレントス　我等一同惜別ノ情ニ堪エズ　顧ルニ一九二八年君ノ紐育ニ来ルヤ初メテ此ノ地ニ紐育柔道倶楽部ヲ創立シ　外國人ノ間ニ柔道ノ奥義ヲ傳ヘテ以テ我ガ國武士道ノ精華ヲ發揮シ又進ンデハ在米日本人青年ヲ薫育シテ以テ心身両方面ニ於ケル彼等ノ健全ナル發達ニ資シタリ　ソノ間君ハ全ク渾身ノ努力ヲ傾倒シテ凡ユル困難ト戦ヒ同倶楽部今日ノ發展ヲモタラシタルモノニシテ當地ニ於ケル斯道ノ發展ハ偏ニ君ノ賜ナリト云フモ過言ニ非ズ　惟フテココニ至レバ君ノ當地ニ於ケル功績ヤ大　今君ヲ當地ヨリ失フハ誠ニ我等ノ忍ビザル所ナリ　サレド翻テ考フルニ君錦ヲ著テ故國ニ帰リ多年見聞ノ新知識ヲ提ゲテ大ヒニナストコロアラントス　君ガ将來ノタメ祝福ニ堪エザルトコロナリ　我等ハココニ同君ガ紐育柔道界ニ於ケル偉大ナル仕事ト努力ニ感謝ノ微衷ヲ表スルタメ謹テ記念品ヲ贈呈ス　願クバ我等ノ微衷ヲウケヨ

昭和六年五月

紐育柔道倶楽部部員一同
外友人三十六名

川石酒造之助殿

酒造之助が南米行きを計画したのは、当時移民として日本人が多数入植していたブラジルを視察し、未来の政治家として南米についての基礎的知識を得たいと考えていたためである。一九二四年にアメリカが排日移民法を成立させ日本人移民を閉め出した結果、一九二五―一九三六年の十年間に十数万人の日本人が移民としてブラジルに渡った。このような移住者達の生活ぶりを見るために、酒造之助は日本人移民の多いブラジルのサンパウロ州やアマゾン河流域を訪ねた。彼は日頃から几帳面に記録をつける習慣があり、この旅の間も気候風土や入植者の生活、農業実態などについて克明にメモをとり、地図を入れたていねいな報告書をまとめている。政治家になったとき資料にするつもりであったのだろう。乏しい旅費をやりくりするために、知人にハンモックを借りて日本人農家の片隅に吊して寝かせてもらい、食費も切りつめた旅であった。時に小規模の講演をして僅かの謝礼を受けることもあったが、懐は常に苦しい。その上アマゾンやサンパウロ奥地の過酷な気候や生活条件の厳しさに疲労が重なり、サンパウロの視察が終わる頃とうとう病気になる。二十日間寝込んでしまい、異郷の旅に病む心細さをつぶさに味わうが、また同時に土地の人々の心の温かさも知った。人々はゆっくり養生するように勧めたが、少し快方に向かうと酒造之助の気持ちはもう次の旅に向かう。右の耳下や左のノドにまだ腫れがのこっていたが、無理にサントス港からヨーロッパ行きの船に乗る。船中ではひたすら体力回復に努めたおかげで、十月一日にロンドンに到着した時には、ほぼ健康を取り戻していた。イギリスには長期滞在する予定はなかったのだが、たまたまオクスフォード大学で柔道教師を探していることを知って、酒造之助はアメリカでの経験から外国人に柔道を教えることに興味を持っていたのでこれを引き受けることにした。

ロンドンでは小泉軍治の作った武道会のおかげでイギリス人の間に柔道というものがかなり理解されてきていた。酒造之助はオクスフォード大学のほかに武道会でも指導をすることになる。一九三二年十一月に行われたドイツのチームとオクスフォード大との柔道の試合のプログラムが残っている。それによると両チームの試合の間に小泉軍治や谷幸雄、川石酒造之助、大谷某などが投《なげ》の形や極《きめ》の形、後《ご》の先《せん》の形などを披露している。また小泉が観衆の挑戦を受ける取り組みがあり、川石がオクスフォードチームを相手に乱取りを見せる場面もあるなど、興味を盛り上げる工夫がなされているのが分かる。オクスフォード大学の指導とは別に、酒造之助は自分の柔道クラブを作り「日英柔道クラブ」と名付けた。この頃のロンドンの柔道事情や、酒造之助のクラブについての報告がある。一九三四年国際オリンピック委員会に出席のため嘉納治五郎がヨーロッパに渡った際、講道館の指南役永岡秀一が彼に同行してロンドンで柔道の指導に当たった。永岡はその時の見聞を「英米柔道行脚」と題して講道館の機関誌『柔道』（昭和十年十月号）に寄せた。その中で酒造之助のクラブについて次のように語っている。

ロンドンには武道倶楽部と日英倶楽部との二つがありまして（……）日英倶楽部の方は、川石四段が指導して居り、なほ助手として、コーケールと云う英國人の二段も居ります。私は滞在中、此の二つの倶楽部へ交互に出席して、指導して居りました。日英倶楽部の方は、三年程前に出來たのであります。會員も既に百人近くもあり、私が講習をして居る間に、之に刺戟されてか、十数名の新入會員が有ったと云うて喜んで居りました。両倶楽部とも、婦人の修行者が十数名居りますが、是は日時を別にして教へて居ります。ロンドンの警視廳に於いても、先に述べました日英倶楽部の出身者が、警察官に柔道を教授して居ります。（……）」

日英柔道クラブの盛況ぶりがうかがえる。この頃、日英柔道クラブやオクスフォード柔道クラブで稽古をつける酒造之助の写真や記事が新聞に掲載されることがたびたびあった。酒造之助はそれらの切り抜きをていねいに保存している。切り抜きを張り付けた用紙に「国際新聞記事切り抜き会社International Press-cutting Bureau」の印が押されている。彼はこの会社と契約して、自分に関係のある記事や写真の切り抜きを送ってもらっていたのであろう。

一九三四年二月二十三日のウエストロンドン・オブザーバー紙に日英柔道クラブで行われた柔道のデモンストレーションの記事が出た。

柔道の演武会

ケンジントンの日英柔道クラブでデモンストレーション

魅惑的なスポーツ

ケンジントンのストラスモア・ガーデン七番地に本部のある日英柔道クラブの指導者川石酒造之助氏は、先週木曜日、同クラブにおいて柔道のすばらしい演武会を行った。（……）

会場に詰めかけた人々の大多数は柔道になじみがなかったが、皆そのみごとな力に魅了されたに違いない。

世界の多くの国々では此のスポーツは急速に普及しつつある。しかし英国では未だにその実体について疑いが残っている。尤もたいていの人は柔術（柔道の古い形）はレスリングの一種というような考えを抱いているが。実際には、護身術として大いに価値があるだけでなく体のリズムを教え、あらゆる筋肉を働かせて、肉体の鍛錬と同時に精神も鍛えるスポーツに対してこれ以上アンフェアーな考え方はないだろう。

柔道を作り上げたのは嘉納博士で、彼は昔から日本で行われてきた柔術の多様な形を長きに渡って研究した結果、一つの大きな体系にまとめた。「ジュウドウ」というのは「柔らの道」という意味で、嘉納博士によるとそれは「優しさの技であり、まず先に譲歩して最終的には勝利を得る技」である。

肉体的には、まず相手の力に従っていながら相手のバランスを崩して自滅させるという此のスポーツは、体のすべての筋肉を使う。それゆえ支持者達はこれこそ世界で最も優れた身体鍛錬法であると主張するのである。

精神的にもそれに劣らず効果的であると思われる。柔道は敏速な判断と自制心を養うのに加えて、日本人の心の奥底にある精神的規範にも密接な関わりを持っている。このことから、このスポーツを、もしくはこれを学んでいる者達が好んでいる言い方によれば、この技を、注意深く勉強すれば完璧な生き方に達することが出来る。

（……）


記事は次に柔道の学び方について具体的な説明をし、クリケットやテニスのクラブに比べて入会金は安く用具にも金はかからない、と指摘する。腕のよいボクサーと試合をした場合にも打ち破ることが出来るか、という質問が会場から出たとき、司会をしていたタッカー氏は「川石先生自身、ニューヨークで行われた柔道対ボクシングの試合でジャック・ダンプシーを破った」と答えた。同じ年の十一月二十二日のイヴニング・ニューズ紙は日英柔道クラブの努力によって柔道熱が急速な高まりを見せている状況を伝え、プリマスやリヴァプールには提携クラブがあり、なお各地で指導者の派遣を要請する声が上がっている、と報じる。川石氏は週に二、三度オクスフォード大学に赴いて稽古をつけているが、柔道部員数は五十名を越えている、とも。十一月二十八日のリヴァプール・エコーは十三歳の少女が酒造之助を腕固《うでがため》で押さえている写真をのせており、ザ・スターという夕刊紙には日英柔道クラブに取材したマンガが掲載された。このような報道には酒造之助のジャーナリスチックな感覚がうかがえる。彼はマスコミが喜びそうな記事や写真を用意したのだ。ニューヨークのコロンビア大学で政治家になる勉強をした彼にはマスコミをいかに利用するかという視点が常にあったはずだ。これは当時の日本人としてはめずらしい能力である。しかしこのような積極的な方針は小泉軍治のやり方とは合わなかった。小泉はきわめて日本人的な心情の持ち主で、新聞雑誌に華々しい宣伝をして弟子を増やすことなどは好まず、柔道の精神的な面を重視した。このような意見の相違から、酒造之助は一九三三年十月武道会を離れて日英柔道クラブやそのほか幾つかの道場で教えていたが、やはりイギリスでは小泉の影響が強く、彼が独自のカラーを打ち出すのは限界があった。酒造之助はヨーロッパのどこか新しい土地に行き、自分のやり方で力を十分に発揮したくなる。そこでヨーロッパ各地の日本大使館に手紙を書いて、柔道の指導者を求めているところはないか問い合わせたところ、フランスとオランダから返事があった。どちらにするか考えた末、パリ行きを選んだ。当時オランダよりフランスの方が世界各地により広い植民地を持っていたので、フランスで柔道を教えた方が世界に対する影響力が大きくなるだろうと判断してのことだった。

一九三五年十月一日、川石酒造之助はパリの北駅に降り立った。

六　酒造之助パリへ

パリで酒造之助を待っていたのは、パリ四区のルナール街にあるユダヤ人の親睦のためのクラブであった。ここでは各種のスポーツのクラスが置かれていたが、イギリスで柔道を覚えたミルキンが中心になって柔道のクラスも開設することになった。彼らはこの日本人から東洋の格闘技の一切を教授願うつもりでいた。一九三〇年代のフランスでは日本のイメージは相反する二つの姿をとっていた。一つはジャポニスムの名残で日本文化に神秘的なものを見ようとするが、一方、ときおり伝えられる現在の日本は軍国主義に傾いていく危険な国である。知識人は日本の変貌ぶりに注目していたが、一般大衆は柔道も仏教も東洋医学もみないっしょくたに考えていた。酒造之助は熱心に教えたので会員達は満足したが、このクラブはユダヤ人しか利用できず弟子はあまり増えない。そこで酒造之助は毎日午後五時から九時まで無報酬で柔道を指導し、そのほかの時間は日仏クラブとしてその道場を自由に使わせてもらって生活を立てていくことにした。しかし入門者はなかなかやってこない。フランスに足を踏み入れたとき、酒造之助は自分より以前に石黒敬七や会田彦一など先輩がパリに滞在し柔道を教えていたのだから、ある程度のことは知られているものと思ってやってきたのだが、いざ道場を開いてみて驚いた。全くと言っていいほど一般には柔道が知られていないのだ。最初の一年間が最も苦しい時期だった。日刊スポーツ紙『自動車』の社長シャルル・ファルーが酒造之助の相談相手になり、柔道の紹介記事を書いたり、フランス人に対する教え方についてアドヴァイスをしてくれたりした。一九三六年六月四日の『自動車』は日本式スポーツとして柔道に大きく紙面をさいている。

日本人川石氏はフランスで会った最も驚嘆すべき柔道教師だ
――「柔道」は身体鍛錬の方法だが、単に格闘技を教えるだけではない――
最近私がドイツに滞在したとき、しばらく前から「柔道」という日本式の身体鍛錬法がドイツで十四歳以上の若者達に必修になっていると知っても、少しも驚かなかった。この鍛錬法がアメリカやイギリスで多くの賛同者を得ている事はすでに知られている。イートン大学の各カレッジで柔道クラブが一つもないところがあるだろうか？

ファルーはこの後に、柔道とこれまでフランス人になじみのあった柔術との違いを説明する。

しかし青少年に勧めたいのは身体鍛錬法であって、単なる格闘技の教授ではない。そこから、いっそう合理的で比類のない身体発達法である「柔道」が生まれたのである。（……）「柔道」は日本では（……）かの有名な嘉納治五郎の支持を受けた。嘉納治五郎は、驚くなかれ、貴族院議員であり第一高等学校元校長、東京高等師範学校元校長、国際オリンピック委員会の日本代表、「柔道」の創始者、講道館設立者にして館長である。「健全な精神は健全な身体に宿る」という金言にこれほどみごとな実例はない。

記事はさらにフェルデンクライスのジウジツクラブにふれ、この独学の優れた物理学者の学問的業績と、それに劣らぬ格闘技への情熱を紹介する。ついで彼が教えてくれた川石酒造之助の道場での柔道のデモンストレーションについて、こう述べている。

我々が目にしたものについては、いかなる言葉でもその概要を説明することは出来ない。それは面くらうが、また同時にみごとなものだった。「柔道」のあらゆる動きの中に、人体の均衡についての驚くべき知識と、相手のほんのわずかな動きでも利用する電光石火の技（敵は力を使えば使うほどいっそう早く敗れるのだ）がある。

とりわけ機敏な反応についてのすばらしい教育だ。（……）ドイツに倣って「柔道」の修行が我々の身体の発達に何をもたらしてくれるか理解した国々に、我々は後れをとるべきではない。そこには粗野なものは全くなく、常に礼儀正しい……。ただし、その礼儀正しさは容赦のない激しい技を退けるものではない。

にっこり笑って敵を破る、これが理想ではないだろうか？　こうすればきっと完全な冷静さを保っていられるのだ。

一九三〇年代初めからドイツではナチスが台頭してきて、ヒットラーが政権を握る。フランス国民は強力な軍事国家に変貌してゆく隣国におびえていた。ドイツ人の堂々たる体躯にひけめを感じているフランス人にとって、彼等に負けない体力を養うということは大いに関心のあるところだ。ファルーの筆に熱がこもる。

この文章が一人の青年を日仏クラブに向かわせた。パン屋のモリス・コトゥローである。彼は一九三六年七月二十八日に日仏クラブに入門し、川石酒造之助の門下生第一号、フランス柔道最初の有段者、としてフランス柔道史の冒頭に名前を記録される名誉を担うことになる。しかし、しばらくの間はコトゥローだけが弟子のすべてであった。後年この時代の苦労を思い返して酒造之助はこう語っている。

今では笑い種に過ぎませんが、多くの巴里人が夏の休暇で田舎に行くのにそれもならず、暑い夏の日盛りにぼんやり道場の窓から往来を眺めている内、五十名の中学生が一人の先生に引率されて通り過ぎるのを見て、あれだけ入会してくれたらなあと溜息をついた事もありました。

（「仏国柔道1」『柔道タイムス』昭三十二年十一月五日付）

しかし彼はぼんやりと手をこまねいていたわけではない。フランス人の生活パターンを調べてみて、町なかにあるスポーツクラブが市民生活の中で大きな役割を果たしていることに気がつく。フランス人は概してスポーツをやらないが、運動不足を手軽に解消するために夕食の前後などにこれらの体育館を訪れて適当に汗を流す者も多い。このスポーツクラブの数はニューヨークやロンドンと比べてずっと多い。そこで酒造之助は市内の有力クラブのインストラクターを特別招待して柔道の実演を見せ、身体の鍛錬と同時に護身術としての有効性も強調した。こうやって努力しているうちに、わずかながらも弟子が増えてきた。

この頃酒造之助の稽古を見たファルーが次のような忠告をした。

「まず倒し方を改めたほうがいいね。いかにも骨が折れてしまうような音だよ。あれではフランス人は恐れをなして、とうていやってみる気にならないだろう。もっとなんとかならないものかな。それに、座ってお辞儀をするのをやめて握手にしてはどうだろう。座って頭を下げるのはヨーロッパ人には向かないよ」

これに対して酒造之助はこう答えた。

「倒れ方を変える事は出来ないが、そんな心配があるのなら実演の時に、このような倒れ方のほうが安全であることを充分に解説するようにしよう」

第一の点についてはファルーも了解した。それから座礼についてはこれは

「これは柔道精神の基本に係わる礼儀の問題であり、これを握手にしたり立礼にすることは私の主義が許さない」

ときっぱり断り、座礼の意義を説明した。ファルーは完全には納得しなかったようだが、一応了承した。ファルーはフランスの名門校理工科学校《エコールポリテクニーク》の首席入学者であり、ビリヤードの世界チャンピオンでもあるという多彩な能力の持ち主で、関心の在処が広く、フェルデンクライスのジウジツクラブには早くから係わっていた。

この年の九月フェルデンクライスのジウジツクラブが正式に発足する。名誉会長に嘉納治五郎、ノーベル化学賞受賞者のフレデリック・ジョリオ＝キュリー、公共土木工事専門学校の学長レオン・エイロールの三人を戴き、会長にはシャルル・ファルー、副会長はフェルデンクライスとラディウム研究所の研究員で理学博士のポール・ボネ＝モリという顔ぶれであった。最初の入会者にはラディウム研究所の研究員達が名前を連ね、夫と共にノーベル化学賞を受けたイレーヌ・ジョリオ＝キュリーの名も見える。このクラブに第一級の知識人が集まったことが、後々までフランス柔道の発展に良い影響を及ぼすことになる。フェルデンクライスの道場が盛況だったのに比べて、酒造之助のクラブは経済的に苦しかった。さらにミルキンは酒造之助が自分のクラブに力を入れるのを見て、自分達のクラブ専属になるか日仏クラブを取るか、態度の選択を迫ってきた。酒造之助は当然自分のクラブを選んだ。道場の運営はますます苦しくなる。入門者の数は一九三七年は二〇人、一九三八年は八〇人あったが、ほとんどが単なる好奇心から覗いてみるだけで、長続きしなかった。

二つの道場の運営状況は大いに違っていたが両者の関係は良好で、酒造之助はジウジツクラブに出かけて指導してやり、フェルデンクライスも日仏クラブに来て酒造之助と一緒に柔道の教授法について研究した。

酒造之助は、ニューヨークでもそうだったが、ロンドンで教えてみて外国人に技の名前を覚えさせる困難さをいっそう強く感じていた。パリでも同じだ。「出足払い」とか「背負い投げ」と言っても、日本語を知らない人間には何のイメージも浮かばない。それぞれの技を覚えなければならない上に、その名前を呪文のように暗記しなければならないのは大きな負担になる。そこで彼は技を系統的に整理して足技一号、二号……腰技一号、二号……というように番号で呼ぶようにかえた。その系統化は、講道館が代表的な投げ技を、習得順序などを考慮して五段階に分けた、いわゆる五教の分類とは少々異なっていて、技の数が多い（一四七）。これは画期的な試みで、このおかげで上達がぐんと速まった。

もう一つ考案したのは進度に応じて細かく帯の色を変えていくことであった。日本では入門したときの白帯（六～四級）から茶帯（三～一級）を経て初段の黒帯になるが、実際には茶帯を着用する者はほとんどいない。また白帯から黒帯に上がるまで何年かかるかということはあまり問題にしない。長い年月がかかるのは自分が真剣に稽古をしていないからで、自分が悪いのだ、茶帯をつけるのはまだ自分が初段になっていないことを示しているようなもので恥ずかしいと考える。価値があるのは黒帯であって、それ以外なら白も茶色も同じだ、というのが柔道をやっている日本人の大多数の考え方であろう。しかしフランス人は進歩の度合いが目に見えて明らかでないと、すぐ興味をそがれる。日本人が自分は今どの段階にいるかを外に示したがらないのに対して、フランス人は自分の能力のレベルを他人に誇示したがる。そこで酒造之助は白帯から黒帯にいたるまでに、明るい色から濃い色の順に黄色、オレンジ色、緑、青、栗色と五つの段階を作った。新しい技を覚えると帯の色が一つ進むので習う者にとって大いに励みになる。酒造之助の最初の弟子コトゥローは一九三六年七月に入門して白帯をもらい、十月に黄色、十二月にオレンジ、翌年四月に緑、十月に青、一九三八年五月に茶色、そして一九三九年四月に黒帯を許される。この後多少の手直しがあったが、帯の色は各段階が最低どれくらいの期間で到達できるかを示す。白帯は二ヶ月、黄帯三ヶ月、オレンジ帯四ヶ月、緑帯六ヶ月、青帯九ヶ月、茶帯二十四ヶ月、黒帯三十六ヶ月である。一九四〇年に入門したジャン・ジローは初めて昇級したときの喜びを語って「私は黄帯をもらったときにはとても誇らしくて、それを見せびらかすために稽古もないのに翌日道場に行ったものです」という。

柔道の上達度をつかむために帯の色を変える方法をとったのは、実は酒造之助が初めてではない。ロンドンの武道会で小泉軍治がやっており、これはミシェル・ブルッスによると一九二七年六月二十二日付けで武道会の会報にのっている。酒造之助もロンドン時代にすでにこのやり方を採用していたことが、先に引用した一九三四年二月二十三日付けのウェストロンドン・オブザーバー紙からうかがえる。しかしこれをきちんと体系づけて一つの方式にまとめたところに酒造之助の新しさがあった。技の名前の番号化と帯の色の多様化を中心にした彼の指導法は「川石方式《メトード・カワイシ》」あるいは簡単に「メトードK」と呼ばれた。

このほかにも稽古にはさまざまな工夫を重ねている。フランス人は自分の金と時間を使って習いにくるからには、毎回何か新しいことを覚えて帰らなければ満足しない。だから前回に教えた技に関連して新しい技を与え、進歩の跡がはっきり分かるような教え方をする。また日本では練習時間が二〜三時間と長いが、フランスでは一時間以上やることはほとんどない。短い時間を有効に使う練習方法を考えなければならない。さらにフランス人は技を論理的に理解したがる。そして弟子のそれぞれの水準に応じて納得させられるような説明ができなければ教師失格と考える傾向がある。日本人のように、先生の説明が分からないのは自分がまだ未熟なためなのであって、もっと力がつけば自ずと理解できるだろう、などとは考えない。酒造之助はこのようなフランス人の性行をよく理解し、彼等の興味を引きつけ持続させる方法を常に考えていた。当時の弟子達が彼のことを「西欧人の気持ちをよく掴んで柔軟な考え方ができるすぐれた心理学者」とたたえるのはこのような事情を言うのである。確かに、政治家を志していた酒造之助には人の心を掴む能力があった。それにアメリカ、イギリス、フランスといろいろな国を回ってきて、各国の国民性の違いにも気がついていたのだろう。日本のやり方を押しつけず、フランス人に効果的な方法を考えていった。「柔道は米か麦のようなものだ、土地に合わせなければならない」とは後の酒造之助の言葉である。

ほぼ同じ頃アメリカのシカゴで柔道を教えていた桑島省三が一九三四年（昭和九年）『柔道』の二月号に「外人に柔道を教へた経験談」と題して同じ様なことを言っているのは興味深い。桑島は初め日本式に体の扱い方や受け身ばかりやらせてその上で投技などをやらせようとしたが、生徒達は最初から逆手や背負投のような派手で役に立つ技を教えてもらうつもりで来ていたので、たちまち嫌気がさして道場に来なくなる。そこで毎回逆技を教えることにしたが、同時に投技も一つずつ入れ「この逆技を最も有効に使うには、まず相手の体勢を崩さなければならない。しかも自分はできるだけ崩れないようにする。そのためにはこのような動きをしなければならない」などと実演しながら説明すると生徒達は非常によく理解し、基本的な練習を嫌がらなくなる、と述べている。そして「アメリカ人のこのサイコロジー（気持）を掴むことが彼等に柔道を学ばしめる上に特に必要な点」と言う。さらに「忌憚なく言へば、今日の講道館柔道をそのままアメリカ人に学ばしめようとすることは、その伝統から云ってもあるいはその他の事情から見ても、そこに無理があると思はれる」との見解に達する。

入門第一号のコトゥローは模範的な弟子で上達はめざましく、入門してから三年足らずで黒帯になる。一九三七年十月二十六日十四歳のジャン・ドゥ・エルトゥが入門した。当時柔道は子供を対象にしておらず、習っているのは大人だけだったが、ジャンの父親が酒造之助と親交があり、柔道の教育的効果について聞いていたので、息子に柔道を勧めた。この少年は日仏クラブ二十一番目の登録者となる。最も若い方でも二十歳から二十五歳という会員を相手に練習しなければならなかったが、この大柄な少年は気力充分ですぐ柔道に夢中になった。翌年一月に黄色、四月にオレンジ色、十月に緑色とどんどん帯の色を変えていった。この頃の稽古を回想して、後にコトゥローは次のように述べている。

稽古は前回の復習と、新しい動きの勉強、そして乱取り……というのが主なところだった。（……）川石先生は毎回新しいテクニックを教えてくれた。終わった後でぶ厚い本の今日教えてくれた動きのところに×印をつけていた。それが先生の教本になっていたのだ。初期にはまだ正確な用語がなくて、投技を習うごとにそれを先生が実際にやったとおり思いださなければならなかった。（……）先生は我々に自主的な稽古を求めていた。先生は説明はほとんど何もしてくれなかったのだ。自分で動きをやって見せて、後は我々が自分たちの考えに従ってそれを解釈し、適当に取り入れるのに任せていた。

酒造之助があまり説明をしないのは、一つにはフランス語がうまくない為でもあった。フェルデンクライスやボネ＝モリなど英語の分かる知識人とは英語で自由に話ができたが、フランス語は絶対必要なエッセンスのような言葉だけで用を済ませていた。「こんなふうに《コムサ》、そうではなく《サパサ》」と身振り手振りをつければ十分に動きは理解させられる。時々「分かるか?《コンプランドル》」と聞いてみる。Vous comprenez?（君達分かるか）でもなくTu comprends?（お前分かるか）でもない。Comprendre? と、主語はつけず、動詞は不定詞（原形）のままの荒削りな表現だが、弟子達には充分意は通じた。このような酒造之助語が弟子達の間で敬意とほほえみを持って通用していた。どうしても伝えたいことがあり、伝えようという意志があるとき、言葉の不自由さはあまり障害にはならない。酒造之助は柔道修行の極意を彼なりの凝縮された言葉で箴言のように表現するのがうまかった。口癖のように云っていたのは「Si pas capable comprendre, inutile expliquer. Si comprendre, pas nécessaire expliquer.（理解できないなら説明しても無駄だ。理解できるなら説明する必要はない）」。それでもしつこく説明を求める者は「モウヴェ・メンタル mauvais mental（英語の bad mind の酒造之助流直訳で〝頭の悪い奴〟という意味。発音も英語風であった）」ときめつけられた。また「Tout préparer avant, jamais préparer pendant.（試合前にすべての稽古を終わるべし、試合中には決して稽古できない）」とも言っていた。

七　杉村陽太郎大使

酒造之助は教師として優れていたと同時に、企業家、経営者としても有能であった。パリっ子の間で柔道がようやく知られてきて、時には新聞に柔道の話題が出るようになったが、さらに知名度を上げるために彼は柔道のデモンストレーションの夕べを企画する。一九三七年十月三十日、ジウジツクラブで行われた公開演武に杉村陽太郎駐仏日本大使を担ぎ出したのは彼の手腕といえる。

杉村陽太郎は一八八四年（明治十七年）九月二十七日の生まれで、父は盛岡出身の外交官で杉村濬《ふかし》という。この父は一八九五年（明治二十八年）に起きた韓国王妃閔妃《びんひ》暗殺事件に駐韓日本大使館の一等書記官として直接関わり、広島に送還された人物である。その後ブラジル大使となり、在勤中に客死した。陽太郎は日本で教育を受けるため、在外生活の長い両親とは離れて東京の祖父母の許で暮らす。十二歳から嘉納塾に入り、十八歳で第一高等学校に入学するまでの六年間は、勉強と柔道だけでなく生活全般にわたって嘉納治五郎の厳しい薫陶を受けた。文武両道に優れた素質は早くから周囲の目を惹いたが、一高入学時身長五尺八寸五分（百七十六センチ）、体重十九貫（七十一キロ強）というみごとな体躯も頼もしく映った。嘉納治五郎直伝の柔道の腕は同輩をはるかに抜きんでており、高校生離れしていた。後に杉村陽太郎を偲んで三船久藏が次のように書いている。

當時（明治三十六年）は有段者と云うものの數が非常に少なく、現に仙臺の塩谷という先生も其の頃初段で二高の師範であった。從って初段或ひは二段にもなれば優に高等学校の先生も出来ると云ふ時代であり、講道館に於ける當時の最高位が六段で僅かに二人、五段はほんの四人位と云ふ時代であった。（……）從って、當時に於ける初段なるものの魅力は格別で、此の初段を慕って毎年夏冬の稽古は全国各地の猛者連が、（講道館の）小石川の道場を占領するのであった。――當時の私も亦その一人であったことを告白する。

処が、來てみて驚いたことには、「一高には二段の學生がいる」といふのである。――學生で二段と云ふのも恐ろしい様なものだが、そんなのが平然といる東京も矢張り東京だなア、……と今更に四邊を見廻して私は酷く驚いた。が兎にも角にも、ああ云ふ人がいるとすれば、それは餘程の天才児に違ひないし、又折角乃公も大志を抱いて上京したからには、是が非でもさう云ふ人に一度会って見たいものだと願った。そしてその後は、秘かに對面の時を胸に描いて心臓をときめかせたりした。

日本一、――此の學生柔道界の王者こそ當時一高の學生、若き日の杉村陽太郎氏であったのである。

然しながら不幸にも、此の日本一は水泳でも亦一方の猛者であった。その為、この少年の熱望もむなしく、杉村氏がその夏を水泳の方に暮らしていた為、遂に此の時は会ふ機会に恵まれなかった。(………)

(「杉村陽太郎氏の追憶」『杉村陽太郎の追憶』杉村陽一編　昭和十五年)

三船久藏の文にあるように、杉村陽太郎の水泳の力量も並のものではなかった。東京帝国大学在学中の一九〇五年(明治三十八年)八月二十一日、大阪毎日新聞が主催して大阪湾十浬競泳大会が開催された。日本全国から水泳各派を代表して派遣された者達を交えて二十八名が参加したが、その中に彼はいた。陽太郎はスタート直後から力泳してそのまま飛ばし、二位の者に一浬ほどの大差をつけてゴールインした。片手抜泳法で六時間八分を泳ぎ切ったので、水から上がったときには顔の半分は赤く日に焼け、水に浸かっていた半分は白かった、というエピソードがある。決勝点の様子を大阪毎日新聞の記事は次のように伝えている。

(前略)

決勝点の光景　二時、雨やや晴れ雲の切れ目に日の光見え初むるや、魚崎附近に群集せる十數万の人と數百隻の船とが歓呼は、海を傳うて選手が耳に達するなり。杉村氏は莞爾《かんじ》として、充分余裕を蓄へ置きしその泳力を徐に加へつつ一泳一進、白地に紫の十字旗は幾多の榮譽を表彰しつつ、同四十八分、決勝点に達し、古希蝋《ギリシャ》の彫刻にも比すべからん体躯を起こして、海中より帽を振りつつ岸に上がりし時は、百雷の一時に落下するごとく、屋根の上、海の中待ち受けたる観客は狂呼、雀躍するなりき。実に海上十浬競泳の最優者として、はた我が海国の猛士《もさ》として、東京法科大学生杉村陽太郎氏は、ここに見事なるその月桂冠を得たりしなり。（後略）

水泳の他にボートや剣道、そして弁論にと活躍する陽太郎は学生界の名物男であった。

陽太郎の柔道の実力について三船の文をもう少し見よう。仙台から上京し講道館で技を磨いていた三船が初段を取る少し前、陽太郎と初めて対戦する機会を得る。それは学習院で催された柔道大会で二段の陽太郎に五人が次々に挑む五人掛の取り組みであった。三船は最初に陽太郎にぶつかり、だいぶ粘ったがやはり陽太郎の方がずっと強く、すごすごと敗退する。五人の挑戦者はことごとく退けられたのであった。

さらにこの後三船が二段になったとき、二人はまた対戦の機会を持つ。

それは講道館の春季紅白試合であったが、一方の大将は即ち三段杉村陽太郎氏であり、副将は同じく三段福永氏、三将は澤一郎二段（現東京市社會局長、六段）であった。私の方は大将が（……）佐竹信四郎四段、副将は入來重彦氏（工學士、現六段）で、私は丁度此の側の五番目であった。

所が相手側の五番を見ると、當時杉村氏と並んで、一高の花形と謳われていた新井源水君（現月島の造船所重役、六段）がいるではないか！　私は此の人とは前に一高の柔道大会で顔合わせをし、勝負がつかず引分けとなった事があるのである。愈々試合が始まってみると、私側は初は不利であり、私が起ってぶつかった相手は七番目であった。私はその七番、六番を倒し、遂に新井君と二度目の對戦と云ふことになった。

然し、此の一戦こそ當日の紅白試合の関ヶ原であり、何れが勝つとも、その勝利をつかんだ方が、必ず最後の榮冠を獲るものと豫想されていた。従って愈々場内は高潮し、満堂水を打ったようになった。

然し、僥倖にも私の内股が奏功し、金的を射止める結果となり、續いて四番、三将副将に勝ち抜いて行って、遂に再び、杉村氏と對戦する事になったのである。

杉村氏は立ち上がるや、いきなりその巨軀を利して腰技をかけて来た。私は此の一瞬を飛鳥の様に潜って間一髪背後に飛びついて締めつけた。所謂後締めに入ったのである。そしてグイグイと攻め立てて、締めが殆んど奏功せんとする間際まで行ったのであるが、その刹那に僅かの隙をパッと私は振り切られてしまった。そして次の一瞬二人は同體となって前へどうと倒れたのである。

時の審判は嘉納治五郎先生であった。そして先生は此の勝負を杉村氏のかちと審判せられた。

此の勝敗こそ、見ていたものには殆ど判定がつかず私は同體に倒れても締めているし、杉村氏はまた私を同體の形で前に落とした云ふ様な譯で、将に間一髪的な勝負であった。

然し嘉納先生のご審判の結果は、締めに入ったのを振り落としたと云ふ事から、杉村氏の勝と宣されたのであった。即ち私が仕向けて行ったのだけれども、それをほどかれて前に同體に落ちたと云ふ事が後の先になって杉村氏の勝と云ふ事になったのである。また事実に於いて、確かに三段四段では氏の右に出る者はなかったのである。（前出書）

学生柔道界における陽太郎の最も華々しい戦績は卒業の前年の一九〇七年（明治四十年）に行われた慶応大学との

対抗試合である。東京帝国大学の大将は杉村四段、副将以下には福永吉雄、新井といった猛者が並び、一方慶応大も藤崎、五月女光三、吉武吉雄、中野栄三郎という強者揃い。形勢不利になった味方のために陽太郎は獅子奮迅の働きを見せ、敵の三将、副将、大将をなぎ倒して東京大学を優勝に導いた。彼の得意技は大吊腰であった。

一九〇八年東京帝国大学法学部を卒業。外交官及び領事官試験に合格して領事官補に任じられ、この身分のままリヨン大学に入学し、国際法を学ぶ。陽太郎の情愛深い人柄や、闊達で気品のある態度は大学の恩師から下宿のおばさんに至るまで周囲のフランス人を魅了し、多くの友人を得てフランス語にも磨きがかかる。リヨンにいた頃にはフランス東南部のドーフィネやアルプスの山々にも親しみ、スポーツ万能の陽太郎には幸福な三年間の大学生活であった。リヨン大を卒業すると外交官補になってパリの大使館勤務となる。一九一二年（明治四十五年）ストックホルムで開かれた第五回国際オリンピックに日本が初参加し三島弥彦と金栗四三の二人の選手を派遣したとき、嘉納治五郎は役員として同行した。一行がパリに入ったとき、陽太郎は嘉納治五郎を迎え久しぶりの師弟再会となる。陽太郎がドーヴァー海峡横断を企てたのもこの頃である。当時イギリスやフランスでドーヴァー海峡横断の遠泳が流行していた。潮流が速く水の冷たいこの海峡を泳ぎ切るには、泳ぎの能力はもちろんだが相当の体格と体力が必要である。水泳にも体力にも自信のある陽太郎は「日本人の心意気を示すチャンス」とばかり周到に準備を始めた。然し計画が大使や山座参事官に漏れると、「万が一にも事故が起きたらどうするつもりだ。君は国の仕事をするためにフランスに来ているのだ。いつまでも学生気分でいてくれては困る」と叱られ、取りやめになった。

陽太郎は一九一六年支那（中国）大使館に移動になり、その後日本に帰って外務省条約局に勤務、そして一九二七年再びヨーロッパに渡り国際連盟事務局次長の職に就く。このポストは国際連盟創立当初から七年間新渡戸稲造博士が務めており、その後任に選ばれたのであった。国際平和を願う陽太郎の真情からすれば働きがいのあるポストであったが、当時の日本は軍国主義の道を突き進んでおり、国際協調や交渉を軽んじていたため、陽太郎は苦しい立場に立たされることが多かった。そんな中にあっても、国際会議などに出席するために日本からはるばるやってくる人々を迎えると、その歓待に心を砕いた。当時はジュネーヴに日本料理店など一軒もなかったので、わざわざ日本から豆腐製造機を取り寄せた。前の晩から豆を水に漬けて用意しておき、朝六時から陽太郎自らこれを臼で引いて豆腐を作り、故国の味をふるまったという。激務の中にあっても細やかな心配りを忘れない人だった。フランス駐在日本大使に任命されたのは一九三七年（昭和十二年）のことである。この年パリでは万国博覧会が開かれた。セーヌ川をはさんでエッフェル塔の対岸のトロカデロ広場にシャイヨー宮を初めとして各国のパビリオンが建ち並び、大噴水も作られて大変な賑わいを見せていた。

一九三七年十月三十一日パリの新聞各紙には「日本大使杉村陽太郎閣下　タキシード姿で柔道の審判を」という記事が大きく掲載され、公共土木工事専門学校の校長レオン・エイロールや『自動車』の社長ファルーらと並んでジウジツクラブのメンバーの取り組みを観戦している杉村大使の写真が紙面を飾った。正装をして椅子に腰掛けている主賓は、すぐ目の前で繰り広げられる熱戦を満足げな笑みを浮かべて見守っている。幾つかの試合には大使自ら審判をかって出て、にこやかながら威厳を持って判定をくだした。最後に大使は「柔道は一つの技であると同時に道徳であります。すなわち自己防衛の技であり騎士道精神の錬磨なのです。フランスに於いてこそ他のどこよりもよく、技とスポーツ精神を鍛えることができるでしょう」と熱を込めて語り、観衆に深い印象を与えた。この催しは成功だった。何よりも、柔道に対する杉村大使の熱意が参加者に伝わり、温容で悠揚迫らぬ態度と真摯で気迫に満ちた言葉は、日頃酒造之助が力説していた柔道精神の神髄のように思えた。

酒造之助はこの企ての成功に気をよくして、今度は大使に実際に柔道の技を披露していただきたいと考えた。学生時代に五段をとった人物である。その人の演武を目にすることは、酒造之助が弟子達を相手に技を見せるのとは較べものにならないほどの効果があるにちがいない。酒造之助の要請に対して、大使夫人は万一怪我でもあっては、と夫の身を案じて反対した。しかし、杉村大使はドイツやイタリアのファッシズム台頭によって暗雲が立ちこめてきたヨーロッパ情勢や、満州侵略によって国際政治の舞台で日本に非難が集中している状況に鬱々としていたところだったので「気晴らしにちょうどいい」と快諾した。

一九三八年一月二十一日の『プティ・パリジャン』紙に次のような記事がでた。

日本の大使杉村陽太郎氏は最高級の柔術家で、母校の大学のチャンピオンであったが、来る一月二十九日十七時三十分ボーブール街六十二番地の日仏クラブを訪れる予定。この機会に大使は柔術のデモンストレーションを行い、試合に参加される。

このような予告記事を掲載させるほどに準備はぬかりなく行われ、招待券も然るべき人々の間に配られた。パリ在住の日本人は自国の宣伝のため喜んで協力した。

今回の催しは酒造之助の道場で行われた。貨物用のエレベーターで四階に上りむき出しの白い壁に囲まれた殺風景な部屋に入ると、コルク屑を詰めて弾力をつけた上に厚いボール紙を敷き明るい色の敷物で覆った床は、中央部分に試合が行われる僅かな空間を残して、詰めかけた招待客に占領されている。柔道着を着てあぐらをかいたり膝を抱えたりして、床に直に座っている三十名ほどの日仏クラブのメンバーの姿がまず客の目を引いた。（この当時会員は六十二名いたが当日参加できたのは半分ほどだった）しかも裸足だ。人前で裸足になることは裸身をさらすと同じくらい非常に抵抗を感じるフランス人にとっては、それは見過ごせない光景である。それに柔道着。「全員裸足で、厚手の麻でできたパジャマのようなものを着ている。それを身につけると、彼等は急に背がのびたように見える。それほど袖丈とズボン丈が短いのだ。柔術というこの高級な技における彼等の能力の段階は帯の色によって表されている」と『ル・ジュルナール』紙の記者は柔道をよく知らない読者のためにていねいに説明する。柔道着を説明するのにジャーナリスト達はだいぶ苦労して、「格闘用のパジャマ」とか「苦力《クーリー》（中国人の肉体労働者）の衣服」などという言葉を使っている。なかには「大使閣下は黒い上着を麻布地のギに着替えに行かれた」と書いた記者もいる。ジュウドウギと呼ばれているからには、柔道のときに着るギだと思ったのだ。会員のなかに女性が二人いることも新聞記者の注意を引いた。ある記者は「彼等のなかに二人の淑やかでにこやかな人々——そう、〝愛らしい性〟の代表者と言おうか（というのも、彼女らの締技の巧みさを見たからには、私はとても〝弱き性〟などと言う軽率さは持ち合わせていない）——も混じっている」と指摘する。詰めかけた招待客はフレデリック・ジョリオ＝キュリー夫妻をはじめとする柔道愛好家達、ジャーナリスト、カメラマン、映画関係者等々。その中には、当時国辱映画として日本で問題になった「ヨシワラ」に主演してヨーロッパで名を知られていた日本人の俳優早川雪舟や、田中路子の顔も見えた。みな壁にへばりつくようにしてひしめき合い、カメラマンは機関銃のようにフラッシュを焚いている。

『フィガロ』紙はこう伝えた。

スポットライトが大使のまぶしく光るキモノ（柔道着のこと）に集中する。たった今ついたての陰で正装のモーニングを脱いで着替え、裸足で、胸を大きくはだけて出て来たのだ。杉村氏は相手である川石先生の前に膝をついて坐り、二人とも額が床につくほどに深く、重々しく礼を交わした。それから大使は先生の腕を緩く掴み、ねじり、さらにねじり、近づいてきた相手のすねに踵を押し当てて何度か打ち、自分の背越しに川石氏をクッションの入った床に落とす。先生は鈍い音を立ててそこに倒れた。

さらに二、三回違ったやり方で、日出づる帝国の代表者は彼の相手を、まるでテニスボールのように床にたたきつけた。それからまた挨拶を交わし、この上なく洗練された丁重な態度で頭を下げる。

「礼儀は柔道の基本ですから。それがなければ柔道は野蛮なものになってしまうでしょう」と杉村氏は、少々息を弾ませながらの談話で述べた。しかし、まるで議会の演壇で砂糖水を前にして語っているようによどみがない。

彼はまたこう云った。

「柔軟さは力よりもっと価値があります。何事も柔軟さなのです。柔軟さこそ平和の基本的条件なのです」と。

一メートル八〇に近い上背に体重一二〇キロ以上（三十三貫）の大使が柔道着を着ると、前の打ち合わせがきちんとしまらない。それでもさすがに身についた柔道着姿、威風堂々あたりを払うものがあった。その重厚な体が思いもかけないほどしなやかに軽やかに動き、ダンスのような足さばきを見せて組み合っているうちに、一瞬にして川石先生を投げ飛ばしている。しかもあくまでもにこやかに、礼儀正しく。そして口を開けば格調の高いフランス語で、冗談も交えながら、柔軟さと礼儀正しさ、相手との調和といった柔道の基本的精神は日常生活でも国際政治に於いても同じように大切である、と強調する。この日の主役は観客を完全に魅了した。排日の気運が高まってきた時期だけに、会場を訪れた日本人達も日頃はなにかと肩身の狭い思いをしていたが、この日ばかりは日本の伝統を誇らしく思うことができた。

『フィガロ』『レキップ』『プティ・パリジャン』『ル・マタン』……翌日の新聞各紙はこぞって酒造之助と取り組む柔道着姿の杉村大使の写真を掲げた。フランス国内だけではなくロンドンの『イヴニング・スタンダード』紙、フランクフルトの『ノイエステ・ツァイトゥンク Neueste Zeitung』などヨーロッパ各国の新聞にも報道された。フランス人は元来大使という肩書にはひじょうに敬意を払う。柔道が一国の大使も楽しむ紳士のスポーツであることが宣伝されることになって、入門志願者が激増した。

この年の春には、嘉納治五郎がカイロで行われた国際オリンピック委員会に出席した後でパリに立ち寄った。嘉納は一九四〇年に行われる予定の第十二回オリンピック大会を東京に招致するという大役を果たしての帰路であった。パリでは日仏クラブで講演と柔道の技の説明をおこなう。この時説明のためのモデルとして嘉納の相手に選ばれたのは、十四歳のドゥ・エルトゥだった。「あの方がほかの人々に動きの説明をするために私を選んでくださって、私は非常に光栄だったと云わなければなりません。私がこの名誉を授かったのは、一番年若かったからなのでしょうが……」と、後に彼はあるインタビューで語っている。柔道を始めて半年にもならないうちに、柔道家にとっては神様のような人の相手に選ばれたのだからドゥ・エルトゥ少年の感激が理解できよう。またこの時、杉村大使が嘉納治五郎に対して終始深い尊敬と愛情を込めた態度で接していたことは、フランスの柔道家達に強い感銘を与えた。

嘉納治五郎はこの後ヨーロッパからアメリカに回って柔道の視察と普及の旅を続けたが、帰国の途中病を得て太平洋上で亡くなる。ジウジックラブは弔電を送ったが、それに対する返電のなかで杉村大使は次のように述べた。

「貴クラブの故名誉会長は武士の古い格闘技を近代化して、道徳的見地においても科学的見地においても、それを完成させるのに成功されました。こうして柔道は二十世紀の日本の青少年にとってのみならず、西欧の若者達にとってもすばらしいスポーツになったのであります」

八　戦争の足音の中で

「あなたが襲われる！」

一九三八年フランスのある婦人雑誌の二月号にこんなタイトルの記事が出た。一家の主婦が、訪ねて来た女友達と居間で談笑しているところへ、ピストルを構えた悪漢が押し入ってくる。友人は度を失って悲鳴を上げるが、主婦は沈着冷静に、手にしていた編み物をとっさに悪漢の顔に投げつけると、悪漢は一瞬目が見えなくなる。その隙に飛びかかって武器を腕からたたき落とし、後ろに回って腕を相手の首にかけ、関節で絞めつける。このように護身術を心得ていれば女性でもやすやすと悪漢を撃退できる——写真入りで、解説指導つきの実用記事である。悪漢を演ずるのは川石酒造之助、指導ももちろん酒造之助である。

同じ婦人雑誌には電気掃除機や石炭による集中暖房、ガスオーヴンの広告が載り、オペラ座の幕間を飾る豪華な夜会服の婦人達の姿も見られる。豊かで華やかなフランスの社会がうかがえるが、そこにも不安定なヨーロッパ情勢が暗い影を投げている。一九三六年に始まったスペイン内乱の惨状がパリにも伝えられ、難民がフランスのキャンプを目指して流れ込む。対外膨張政策をとるドイツはオーストリア合併を画策し、フランス東部のアルザス地方にもドイツ化の宣伝の手を伸ばす。イタリアもエチオピア侵略以来領土拡張を狙っている……。パリにも戦争の不安が押し寄せていて、女性も子供も自分の身は自分で守らなくては、という気分が高まっていた。節電のため暗くなった夜道では男性でも襲われる危険がある。オペラ座の大通りでさえ街灯が薄暗くなり、シャンゼリゼ通りには塹壕の準備も始まるなど、物情騒然としてきた。市民は浮き足だって田舎へ避難を考えはじめる。酒造之助はこのような社会の風潮を敏感に掴んで、ピストルやナイフ、徒手で攻撃してくる無法者に柔道を活用して反撃する方法を宣伝し、新聞雑誌に載せたりポスターにして店頭に張り出したりした。また柔道の宣伝映画の制作にも力を入れ、酒造之助や弟子達がモデルを務める。酒造之助はメディアの使い方がうまかった。

一九三九年二月十日教育相ジャン・ゼーの臨席を得てジウジツクラブで盛大な「柔道の夕べ」が開かれた。タキシード姿の紳士やシックなドレスをまとった淑女達で席は埋まり、華やかで熱っぽい雰囲気であった。ジウジツクラブ側からはシャルル・ファルー、レオン・エイロール、ジョリオ=キュリー夫妻を初め大勢の会員が出席し、この席でフェルデンクライスが酒造之助から黒帯を授与された。フランスで初の有段者が誕生したのである。しかし彼はイギリス国籍であったし、初めから酒造之助に指導されたわけではないのでフランスの有段者リストには名前が記されていない。フランス人の有段者第一号は酒造之助の初めての弟子であるモリス・コトゥローで、一九三九年四月二十日の昇段試験に五人続けざまに破って初段になる。彼は酒造之助の指導だけで黒帯を手にした最初の弟子であり、酒造之助の指導方法の誕生に立ち会い、その試行錯誤につき合った。

柔道が知られてくるにつれて入門希望者の年齢層も広がった。子供達も増えてきたので子供向けの新聞『バンジャマン』が後援して子供向けの柔道クラスが開設された。『バンジャマン』は毎号柔道のコラムを作って解説したので子供達は夢中になる。このように柔道人口が増えてくると、柔道教師作りが酒造之助の関心事になった。フランスに柔道を根付かせるには道場を各地に作らなければならない。そのためには良い教師を育てる必要がある。酒造之助が川石メトードを工夫したのは、もちろん自分が教えるときによく理解してもらいたいためであるが、それと同時に自分の弟子達が教師になった場合に教えやすい方式、ということも考えていた。

柔術《ジウジツ》という言葉が一般のフランス人の間にもしだいに浸透してくると、なかには怪しげな道場も現れる（嘉納治五郎のたびたびのパリ訪問などにかかわらず「柔道」という言葉がなかなか定着しなかった。これは、ジウジツという名前で二十世紀はじめから見世物興行の場や護身術などの形で続いてきたものへの連想があったからであろう）。若者向けのある雑誌にテュレンヌ街にあるスポーツクラブの柔術コースの広告が載った。ここでは柔道着も着ないし受け身の練習もしない。そこの教師がパリ郊外のアニエールで新しくジウジツのクラスを作り「ジウジツ世界選手権大会」なるものを開催した。面白がって見に行った観客のなかに酒造之助もいた。彼はその教師に日仏クラブに来てやらないか、と誘い、教師が断ると「それではこちらから弟子を二人行かせよう」と言った。先生に言われてドゥ・エルトゥとロベール・ソヴニエールがアニエールのクラブを訪ねると、危険を感じたその教師は一足早く遁走してしまった。残された生徒達のなかに本物の柔道をやりたいという者もいたので、一九三八年十二月にアニエール柔術クラブを設立し、ドゥ・エルトゥが指導することになる。十五歳緑帯の先生の誕生である。

この年の春、病のため帰国していた駐仏日本大使杉村陽太郎が死去した。心からフランスを愛し、日仏関係の緊密化のために常に努力してきた大使の病状を気遣って、ダラディエ・フランス首相からは真情あふれる見舞い状が届けられていた。学生時代からの友人達を初め、政界、官界、スポーツ界、そしてヨーロッパの外交関係者から深く惜しまれながら、嘉納治五郎の愛弟子は五十四歳の働き盛りに逝った。講道館は七段を追贈してその死を悼んだが、前年に嘉納治五郎を失い、ここにまた治五郎の後継者と目されていた杉村を亡くしたのは、柔道の国際的な発展の上から惜しんでも余りある損失であった。

ドゥ・エルトゥは筆者に寄せた書簡のなかで、彼の先生がフランスで柔道を教え始めたころに杉村大使がそばにいたのは幸運であった、と語っている。大使は川石方式を高く評価しており、嘉納師範にもその仕組みのすべてを説明し、両者とも機会あるごとに日仏クラブの弟子達に「あなたがたは恵まれている」と指摘していたという。

ヨーロッパに戦争の脅威が高まっていく。かつて政治家志望であった酒造之助はこの状況に無関心ではいられなかった。激しく動くヨーロッパの情勢と、そのヨーロッパから見た祖国日本の姿を彼は「欧洲の危機と大日本帝国の動向（外電収録）」と題したノートに記録する。これは一九三八〜一九四〇年のフランス及び諸外国の新聞に載った記事の採録である。その冒頭に彼はこう書いている。「日本の新聞からはとらず。但し外電に全幅の信頼を置くあたわざることは云ふをまたず」。

一九三九年九月一日ドイツ軍がポーランドに侵入し、第二次世界大戦が始まる。フランス市民は銃を手に戦場に出発しなければならない。パリの街から男の姿が消えた。会員二百名を越えていた日仏クラブもほとんどが戦場に動員され、残った者も田舎に避難したりして道場は閑散となる。稽古を続けていたのは未成年のため徴兵に引っかからないドゥ・エルトゥとビルンボームの二人だけであった。ビルンボームは酒造之助がパリで最初に教えたユダヤ人のスポーツクラブに来ていたのだが、酒造之助がそのクラブと縁を切って日仏クラブだけにしたとき、酒造之助の後を追ってこちらのクラブに移ってきた。しばらくの間先生一人に弟子が二人という状態でクラブは細々と運営されていた。そのうちに、イギリス国籍だったフェルデンクライスが兵役の義務を果たすため帰国することになった。ジウジツクラブのほうは会員の大部分が科学者や技術者、実業家、医者、弁護士といったエリートで、戦場ではなく民間業務に特別配属になっていたので、戦争の影響は直接には被っていなかった。フェルデンクライスはこの残される会員の指導を酒造之助に託した。そこで酒造之助は自分のクラブを閉めてジウジツクラブに合流することに決める。ドゥ・エルトゥとビルンボーム、それに合流直前に日仏クラブに入ってきた二人の少年ロベール・ソヴニエールとジャック・ラグレーヌが先生に従った。ジウジツクラブは会長ボネ=モリ、技術指導川石酒造之助という形で運営されることになる。まもなく道場は五区のソムラール街十番地二号に移った。以前の場所のすぐ近くである。

一九四〇年四月、ドイツ軍はデンマーク、ノルウェーに侵攻し、五月にはさらにオランダ、ベルギーを降伏させ、フランスに迫ってきた。フランス国民がドイツとの国境に沿ってのびるマジノ線の防衛力に過剰の期待をかけて安閑としているうちに、ドイツ軍は近代的な戦車部隊でやすやすと国境を突破し、六月に入るとパリにもドイツ空軍の爆撃機が飛来するようになる。ドイツ兵の軍靴の響きに追われてフランス北部の住民が避難民となってパリに流れ込み、それにパリ市民が合流してさらに大群衆となって南に向かう。車で、自転車で、徒歩でパリを逃げ出す無秩序な人の波は集団避難《エグゾード》と呼ばれ、五月から六月にかけてフランス全体に騒然とした状況を作りだした。このエグゾードを体験し、記録に残している日本人がいる。当時大倉商事のパリ支店に勤務していた大崎正二で、彼は同僚ら三人とともに車でフランス西南の都市ボルドーを目指す。著書『パリ、戦時下の風景』のなかでエグゾードの混乱を次のように描写している。

パリを出発したのは六月十二日の朝で、この日も夏のカンカン照り、まるでピクニックに出かけるようで、深刻な顔つきは誰もいない。ポルト・ドルレアンまではなんとか行けた。ここで国道二十号に乗ってパリを離れるわけだが、このあたりの混雑といったら譬えようがない。広場に集まる道路という道路が車と人で埋まって動きがとれない。広場は一メートルの隙間もない。細いパイプに百トンの水を押し込もうというのだからたまらない。北フランスから潮のように流れ込んだ避難民にパリからの脱出組が加わるのだから地獄の門である。しかしこの関門を越えないかぎり南への道は開けないのだ。われわれの車がやっとのことで国道に足がかりをつかんだのは正午を過ぎていた。国道は車線もなにもあったものでない。車も自転車も人間も、全体が南へ南へと道幅いっぱいに岸をけずって大河となって動く。その動きは緩慢この上ない。右の端は軍や官庁の専用で、軍の退却部隊のトラックが砂塵を立てて疾走する。将校や官吏が家族を乗せて通るといっせいに野次が飛ぶ。こっちは炎天の下を、一メートル動いてはブレーキをかけ、また一メートル動いてはブレーキをかけるのだから、エンジンもブレーキもたまったものでない。前が一メートルあくと後の車からクラクションが鳴る。その騒音が絶えまない。三十分前に鳥籠を背にして歩道を歩いていた若い女を追い越したが、気がつくと行く手に彼女の後姿が見える。最小限度の家財道具を乳母車に積んだ老婆、肩と両手に荷物をもっている男、なんども同じ人間を見かけるのだ。車の時速は一日じゅう三キロだから、車と人は追いつ追われつなのである。この国道沿いのパン屋、食料品店、果物店、八百屋には、もうなに一つ品物がない。
パリから三十キロのアルパジョンに着いたのは夜の九時だった。（………）

同じ頃、ドゥ・エルトゥもビルンボームと一緒にパリを逃げ出すことにした。彼等は二人とも六月十二日に昇段試験に合格し初段になった。その直後二人で出発を決めた。当時十六歳のドゥ・エルトゥはよく理解していなかったが、ユダヤ人のビルンボームにとってそれは生死をかけた脱出行だったのだ。二人はポワティエまで一緒に行ったが、ドゥ・エルトゥはそこからパリに引き返し、一方ビルンボームはスペインを通ってイギリスに渡り、パラシュート部隊に入って戦争に参加する。パリに戻ってきたドゥ・エルトゥは直ちに酒造之助の下で稽古を再開した。酒造之助はこの戦争が終わったらかならず柔道が大発展すると予測しており、そのために柔道教師を養成する必要性があることをこの年若い初段に説いて聞かせた。彼はフランスだけでなくヨーロッパ、或いはもっと広く世界までも視野に入れた夢を弟子に語るのだった。ドゥ・エルトゥはアニエールのクラブのほかにパリの西の郊外ナンテールに新しくクラブを作る。

一九四〇年六月十四日にドイツ軍がパリに入城して、占領時代が始まる。
この年八月の新聞に、酒造之助が弟子を相手に得意技の跳ね腰をかけている写真とともに次のような記事が載った。

「ジウジツクラブ」は会員の練習を再開した。柔術は日本人が二千年以上も前からやってきているもので、今では国民的スポーツになっており、すべての学校で義務づけられている。ドイツでは愛好家がすでに二百万人を越えている。

フランスではこのスポーツの規則にのっとった段位を得ようと、六月以前にはすでに大勢の愛好家が練習に励んでいた。彼等は自分たちのクラブが決して閉鎖しなかったこと、初心者向けの無料の入門講座が毎週月曜日と木曜日の十八時から開かれることを知って喜ぶことだろう。

盛大な大会が行われることを待望しつつ、身体の鍛錬と精神の修養、それに護身術の優れた方法であるこのスポーツが多くの愛好者を見いだすように祈ろう。

八月の昇段試験でボネ＝モリが初段になった。昇段試験は年に五、六回行われ、その時はちょっとしたお祭り騒ぎで、新聞記者が昇段者を追い回し喜びの言葉を争って取材する。『自動車』紙の十一月二十八日付けの一面と三面に分けて、ジウジツクラブの昇段試験の取材記事が出ている。八歳と十歳になる兄弟が首尾よく試験に合格してオレンジ帯をもらった。スポーツ万能の著名な実業家アンドレ・メルスィエが柔道の魅力を語って「柔道のデモンストレーションや試合を見たら、必ずやたちまちこの護身用のスポーツのとりこになりますよ。子供には強制的にでもやらせるほうがいい。とくに体が弱い子は強い仲間のなかでそれが劣等感になり、精神的にも悪い影響を及ぼすから。柔道には体重による区別はない。力は常に知性とテクニックに屈服するのだ」

メルスィエはパリで名門のスポーツ・クラブ「レーシング・クラブ」に柔道部門を作った人物であり、ボクシングやレスリングといった激しい格闘技やスタントカーなど危険な競技を好んだ。後にはアフリカ縦断のラリーにも参加するスポーツマンだが、柔道ほどの満足感を与えてくれるスポーツは他にない、と語っている。この日の催しのなかで川石先生自身が、襲ってくる一人ないし二人の賊を相手に護身術の実演をした。新聞記事は続く。

先生の鮮やかな手並み、その正確さは驚くべきものだ。それに科学的でユーモアに満ちた説明をつけてくれる。もしあなたが街で襲われたら、どうやって当て身技を使って相手の目に指をつっこみ、そいつの顔の骨を砕き、腕や肩、足の骨をガラスのようにへし折ることが出来るか、それは先生の説明を聞かなければならない。然しこんな例を挙げたからと行って、道場での練習が手荒なものであると思わないでいただきたい。生徒のなかには若い娘さんや、子供達さえいるのだから。

昇級試験に合格するには自分より上の級の者に勝って一点とらなければならない。試験の合間に有段者の五人掛がある。五分間に五人を倒すものだ。川石先生は十人を相手にして次々と倒し、二分四十五秒で全員を破るというみごとな早業。さらに冷静さを養う訓練として、棒を持って構える子供の上に先生が抜き身の日本刀を振りかざしすさまじい気合いとともに打ち下ろすのを、子供は震えもせず動転もしないで立ち向かい、棒で攻撃をかわす……。次に二人の有段者ドゥ・エルトゥとボネ＝モリを大将に十八人ずつ二軍に分かれて対抗試合、そして最後に昇級式となる。この日は青帯にアンドリヴェとバルドン、緑帯にマゼアスとマン・ホアン、オレンジ帯がメンゾンと小さなクシュコフスキー兄弟、黄帯はヴェルテル、ゴロー、ジロー、ベルトー、ゴノがそれぞれ合格し、川石先生の前に並んで帯を受け取った。その後はシャワーでゆっくりと汗を流す楽しみが待っている。

フランスがドイツに降伏した後、ペタン元師を指導者とする「フランス国家」が樹立された。ペタン元師は第一次世界大戦の英雄だが当時すでに八十歳を越えていた。彼はフランスのほぼ中央に位置する小さな田舎町ヴィシーに、対独協力的な政府を作る。これまでのフランス共和国のモットー「自由、平等、友愛」は「労働、家族、祖国」と変わった。地方に避難していた者もパリに戻り、動員解除された兵士達が疲れた足を引きずって家族のもとに帰ってくる。パリはようやく活気を取り戻してきた。しかし物資不足は深刻で食料がない、燃料がない、日用品がない、ガソリンがない……。パリの舗道では自動車の代わりに馬車、自転車、荷車、乳母車が幅を利かせていた。

ヴィシー政府は、スポーツこそ青少年の道徳的及び肉体的な面での健全な育成を図るのに必須なものと見なして、体育・スポーツ振興に力を入れた。一九四〇年十二月二十日スポーツ憲章が制定される。これによって、すべてのスポーツ団体はスポーツ局の認可を受けて、いずれかの承認された連盟に所属しなければならないことになる。スポーツ指導者達の金儲け主義や出世主義を排して国家が管理しようというわけだ。そこで柔道関係者は柔道連盟結成のため動き出すが、柔道人口が少ないという理由で独立した連盟を作ることは認められず、結局一九四二年春に格闘技連盟の柔道柔術部門として認可される。このころは柔道にとって権力側との対応が非常に微妙で、難しい時期であった。ヒットラーは体育教育のなかでもボクシングと柔道を重視していたので、その意を体していたヴィシー政府は柔道に好意的であった。しかしフランスの柔道家達は対独協力をする気はなかった。一方「自己防衛の手段」であることを強調すると、対独抵抗運動のレジスタンス組織との関係を勘ぐられる恐れもある。従ってまず柔道のスポーツとしての面を強調すること、それから慎重に控えめに行動することが求められた。柔道が格闘技連盟の傘下に入れられたことに柔道家達は不満だったが、この選択とボネ＝モリが示した先見の明のおかげで、ジウジツクラブはドイツに協力的な行動をとることから免れた。一九四三年四月十七日ヴィシーで政府の高官達や日本の沼田英治少将の前で柔道の演武が行われたが、これを指導したのはアンティーブの陸軍学校で柔道を教えていたタケヤス三段であった。しかしなかにはドイツ軍に協力的だったクラブもある。一九四三年にレジスタンス運動に対抗して親独義勇軍が組織され、その武装部隊フラン・ギャルドの幹部候補生達は数ヶ月の講習を受けたが、格闘技の訓練は教育センターのプログラムの中心だった。ヴィシー政権と協力したクラブは数は少なく孤立していたが、いるにはいた。

フランスが連合軍によって解放された後の一九四四年九月、ボネ＝モリは「ドイツ占領期間中における柔道部門の行動について」という報告書をまとめた。彼はこの中で「一九四三年沼田少将が柔道を宣伝活動に使おうと試みたときには重大な危機であった」「我々は技術的に非常に優れていたおかげで、ヴィシー政府に強力に支持されたこの柔道一派を完全に挫折させることができた」と述べている。

九　酒造之助のジウジツクラブ

ジウジツクラブの内規

第一条

授業料は月初めに支払わなければならない。

毎月全額を支払わなければならない。

第二条

柔道家はみな敷物の上では手足を清潔にしなければならない。洗面所は自由に使用してよい。

敷物以外の床を裸足で歩いてはいけない。

貸し出しの柔道着は毎回専用の戸棚にきちんと戻すべし。

第三条

敷物に上がるときには軽く頭を下げて道場に敬意を表すべし。授業が終了後敷物を出るときも同じ。

授業が始まったら理由なく敷物を出ては行けない。

授業中は完全な静粛が求められる。

授業中敷物の上で稽古している者は部屋に入ってきた者と話をしたり、挨拶したり、お喋りしてはいけない。

自分の授業時間を待っている者はどんな方法であれ、現在進行中の授業を妨げてはならない。

練習中は部屋では禁煙のこと。

第四条

何らかの柔道の講習を受けて上位の段を得たいと願う者は先生の許可を受けること。

この許可なくして得た段位はすべて無効と見なされる。

第五条

柔道家はすべての道場で行われているこの規則を厳格に守り、完璧な柔道家精神を持っていることを示すべし。

酒造之助は弟子達の技術の上達をはかると同時に、人格の向上という精神面での修行にも常に心を配っていた。堅苦しいことを好まず、お喋りで皮肉やのフランス人達に、道場の神聖さや教師に対する敬意を徹底させるのは難しかったことだろう。ミシェル・ブルッスの『柔道　その歴史その成功』によると、ジウジックラブに入会した新参者は道場の雰囲気に驚いたという。受け身で倒れる音だけが響く静けさ、先輩にたいする控えめでていねいな態度、先生に対する敬意など、リラックスしたスポーツクラブなどとは全く違い、まるで別世界に来たような印象を与えた。先生のカリスマ性が全体を支配していて、すべてが階層化され儀式化され、神聖なものになっていた。日本人なら容易に理解できる道場のこの雰囲気をフランス人に受け入れさせるには「先生のカリスマ性」が必要であった。酒造之助を知る人々は彼には人間関係を作り上げる才能があったことを認める。彼は各人の個性をよく観察して、それぞれの意図を明確にした上で自分の見解を押しつける術を心得ていた。外国滞在が長いから、外国人の感じ方や彼等の柔道修行の動機は分かっていたが、それを無条件に受け入れるつもりはなかった。自分はフランスの柔道家の手本なのだから、柔道精神を形作るような習慣や行動様式を伝えなければならないと考えていた。「川石先生は我々に信義、尊敬、規律、勇気といった行動原理をたたき込んでくれた」と五十年後にジャン・ジロトは回想する。「私の人生は困難が多く、ドラマチックな時代を生きてきた。先生の教えはこれらの辛い試練を乗り越えるのに助けになった」と。

一九四二年一月一日ジウジツクラブに入会したマクシム・シャリエは当時の道場や酒造之助の姿を筆者に次のように伝えてくれた。

稽古は建物の一階の小さな部屋で行われる。豪華なものは何もなく、汗の臭いのするロッカールームとシャワー、それに小さな机。先生は稽古の合間にその机の前に座り、たいてい首にタオルを巻き付けて何か書きものをしていた。授業の間じゅうよく目を光らせていて、なんとか理解させることができる程度のフランス語を話しながら生徒達全員を相手に練習し、得意の左の跳ね腰を彼等に浴びせた。

稽古はいつもウォーミングアップに始まり、ついで立技、そして寝技、最後に護身術となっていた。それぞれのレベルに応じて決まったプログラムがあって、上級の者が習っている技をやりたがるのは「モウヴェ・メンタル」だった。毎月段位や級により、あるいは入門順位によって分けた試合があり、一人一分ずつの対戦であった。先生は権威があるが優しく頭が良くて、生徒達のことをよく分かっていた。しかしとても厳しくもあり、その中にはシャワーやタオルの使い方に関することもあった。

生徒それぞれに記録簿があり、そこにすべてが書かれていた。

川石方式は用語においても実践においても単純で分かりやすかった。毎回何か新しいことを教えてくれた。

そして彼はこんなエピソードを語っている。

「ある日、とても天気が悪かったので、稽古に来たのは三人だけだった。すると先生は我々にこう云った。『こんな日にやってきたご褒美に、君たちには秘密の技を教えてやろう。だけど秘密を守って、他の者に教えてはだめだよ』」

当時の弟子達が思い出す酒造之助をめぐるエピソードをもう少し続けよう。『百万人の柔道家』には日仏クラブ時代からの弟子だったラグレーヌが語る興味深い話がのっている。謙虚さ、というのは彼の道場では当たり前の徳目であった。ある夕方、一人の若い入門希望者が酒造之助のところにやって来た。酒造之助は机に向かって書きものをしていたが、その彼に若者は自分がいかにスポーツ万能であるかを滔々とまくし立てた。酒造之助は何の反応も見せずに書きものを続けている。長い演説を終わって若者は先生の言葉を待つが、相変わらず先生は何も言わない。稽古していた弟子達はみな練習をやめて、静まり返って成り行きを見ている。なおもしばらく沈黙があってから先生はちょっと頭を上げて若者に向かって言った。

「えっ、何だって?」

ロッカールームでの小言もある。これは道場がソムラール街に移ってからのことだが、ある日ラグレーヌはボネ＝モリと一緒にロッカールームに呼ばれた。何事かとかしこまっている二人に、酒造之助は一枚の紙切れを出してそれを見ながらラグレーヌに向かって言った。

「君は×月×日(それは一年以上も前の日付だった)に何某のタオルを使っている」

わけが分からなくて黙っていると

「君は○月○日(今度は半年前の日付だ)誰某のタオルを使っている」

練習の後タオルは互いに貸し借りして何の不都合もなくやってきたので、さっぱり分からない。まだ黙っていると

「君は△月△日（一週間前の日付）わたしのタオルを使った」

わたしの、と道場じゅうに響くような大音声だった。それからボネ＝モリに向かって
「ラグレーヌがまだ仲間のタオルを使うようなことがあれば、半年練習停止にしたまえ」

と言った。

細かいところまで規律を守らせようとしたのは、それが一つのシンボルになると思ったからだ。

シンボルといえばこんな論争があった。

試合の最中に思わず汚い言葉を使って、勝負には勝ったのに黒帯を取り消された者がいた。この処置は納得がいかないとある新聞記者が噛みついた。それに対して別の記者は、一国を代表する選手が身につける国旗のついたユニフォームと黒帯の共通性を語り「それらはシンボルなのだ。それらは最良のものを表している。そして最良のものが最も礼儀をわきまえていなかったならそれは不道徳であり、我々の文明の精神に反することだ」と審判の判定を擁護した。柔道の精神がだいぶ理解されるようになったといえよう。

ジャン・ジローはドイツ占領時代の思い出を語る。

ある日二人のフランス人が入門してきた。二人ともレジスタンス運動をしているフランス人をドイツ側に密告している対独協力者《コラボ》であった。酒造之助は黒帯のジローとソヴニエールを呼んで言った。

「キングコング（これがジローのあだ名だった）とソヴニエール、君たち二人であの入門志願者達に最初の稽古をつけてやれ。受け身を教えてやる必要はない。二度目の稽古に来させる必要はない。分かったな？」

二人のにわか教師は声を揃えて答えた。

「はい、先生！」

ジローとソヴニエールは入門志願者を右に投げ左に投げ、手加減も加えず何度も捨て身技をかけた。二人の新入りは二回目の稽古には現れなかった――。

酒造之助は当時の多くのフランス人と同じ感情を分け合っていたのだ。そして弟子達もそのことを充分に分かっていた。この頃、政治活動をしていてドイツ警察に追われていながら秘かに稽古に通ってくる者が何人かいた。なかには運悪く捕まってパリ郊外の丘モン・ヴァレリアンで銃殺されたデルボーのような人物もいた。

柔道にかける酒造之助の情熱は誰もが認めていた。しかし彼の金銭に対する熱心さも弟子達の噂になった。前出のように、ジウジツクラブの内規の第一条は会費支払いに関する規定である。フェルデンクライスの時代には会費は各人の気持ちしだいということで、自分が払える範囲で支払っていた。酒造之助が来てからは一定額に決められ、支払うのが義務になった。月謝をきちんと払うこと、というのが昇段の条件の一つである。ジウジツクラブがテナール街からソムラール街に移ったとき、月額八〇フランだった会費が一挙に二五〇フランに跳ね上がる。一九四二年に入門したピマンテルの記憶では週二回の練習でA級B級が月額一五〇フラン、六人以下のグループレッスンでは三〇〇フラン、個人レッスンは一〇〇〇フランというのだ。少し時期がずれるが一九三九年頃は商社のタイピストの給料は五〇〇フラン、ベテランで七〇〇フランだったという。この間敗戦、占領時代を経験して物価が二、三倍に跳ね上がったと言われるが、それにしてもかなりの金額である。酒造之助が金を必要としたのは賭事のためで、彼の賭博好きは皆が知っていた。

一九四一～一九四二年になると物不足は相変わらずだが、枯れ葉を炭化させ固めてタドンを作ったり、タクシーの代わりに自転車に簡単な覆いをつけた輪《りん》タクが走るなどみなそれぞれ工夫して、市民生活もそれなりの落ち着きを取り戻してきた。下火になっていたスポーツはまた活発になってきた。柔道愛好家も順調に増えて、一九四二年には新しい道場が幾つかできた。新聞雑誌にも柔道に関する記事が多くなる。

ジウジツクラブのデモンストレーションを取材した一九四二年十二月二日付けの『ル・マタン』紙はジウジツクラブの会員数を五百名と伝えている。初段獲得に挑戦する志願者の一人が形の試験に合格し、これから五人の相手をそれぞれ二分以内に倒さなければならない。最初の三人は投技で倒され、四人目は絞技で敗れる。最後の者は素早く激しく投げ出されたので床の上にぐったりとのびたまま、立ち上がらない。「死んだのか！」と記者が驚くのを後目に、先生は倒れた男の上にかがみ込んで力強く揉むと、三〇秒ほどで息を吹き返し立ち上がる。「先生は医者じゃないけど、死んだ者を生き返らせる秘法を知っている。黒帯になった者だけがそれを伝授してもらえるんだ」と緑帯の会員がそっと教えてくれた。「活」ｋｕａｔｓｕが東洋の秘術のように見なされて、驚嘆とあこがれの的になっていたのだ。

さらに、技をかけるときに出る「気合い」が何か神秘的な力を持つものと思われていたというから面白い。日本人にとっては力を入れるときごく自然に口をついて出てくるのだが、フランス人から見れば気合いを入れたので驚くべき力技が生まれたように思えるのだろう。この当時の気合いについての考え方を、後にジャン・クロード・ブロンダニは次のように語っている。彼は医者で、一九七二年のミュンヘン・オリンピックで柔道のフランス代表選手にもなった。

「気合いとは肚の底から出す鋭い叫び声であるが、神秘的な力をもっていると考えられていた。これは多分にジャーナリストが広めた説である。活を入れるときの掛け声と一緒になって、神秘的な力をもつもの、異様なもの、という認識が生まれたのだろう」

稽古の最後に、先生の指導のもと弟子達はみな喉が張り裂けるような声を出して気合いの訓練をした。さまざまなデモンストレーションのときドゥ・エルトゥが先生の相手を務めることが多かった。若いドゥ・エルトゥはいつも元気いっぱいで攻撃したが、先生の裂帛の気合いには思わずたじろいでしまうことがあった。

一九四三年の初め頃、先生とドゥ・エルトゥ、それにジローなど何人かの弟子達が護身術のデモンストレーションのためにテレビ出演することになった。

フランスでは一九三五年からテレビ放送が始まり、一九三七年には毎晩二〇時から二〇時三〇分に放映された。もっとも当時は個人所有のテレビ受像機は一〇〇台程度だったそうだ。その後は次第に増えて一九四〇年代は一般庶民もかなり見られるようになる。一九四〇年から一九四四年のドイツ占領期間はテレビもドイツ軍の支配下に置かれていた。酒造之助たちのテレビ出演はドイツ側の意向であった可能性が強い。

ジロー達は地下鉄でアルマ橋近くのテレビ局に向かいながら、先生の柔道着や日本刀を預けられた名誉に感激していた。テレビ局に着くと、カメラの前に出るにはテレビ写りがよいようにメーキャップしなければならないと言われて、みんなは指図通りにしたが、先生だけは化粧をきっぱりと断った。しかし仕事熱心なメーキャップ係の女性は「そんなことを言わずに是非やってください」としつこく迫った。すると先生は鋭い気合いで一喝。メイク係のお嬢さんは震え上がり、メーキャップ用のパレットや紅筆、眉ペンシルなどの道具をみんな放り出して消え失せた。

アンドレ・メルスィエも気合いに関心を持っていた。この冒険家はある人の要求に応じて、テレビの前で友人で黒帯のレオン＝アルベール・メイヤーを絞技で落とした。それからちょっと後ろへ下がって深く息をしてから大きな気合いをかける。とたんにメイヤーは息を吹き返した。もっと後には、気合いで養った胆力を証明するために虎の檻に入ったことがある。一九五二年パリの動物園の虎の檻の外で仲間の柔道家達や野次馬がはらはらして見守り、ジャーナリストやカメラマンがひしめいていた。檻の中では、虎が猫の如くおとなしくメルスィエの手や口から直接食べ物をもらい、テーブルにおかれた皿のミルクをなめた。この一件は当時大いに話題になり、柔道の宣伝になった。

十　パリ脱出

パリを初め各地で柔道をする者が増えてきたので、彼等にとって良い刺激になるようにと、酒造之助とボネ＝モリはフランスで初の柔道選手権大会開催を計画した。こうして社会教育・スポーツ局と日本大使館の後援のもと、第一回の選手権大会が一九四三年五月三十日午後三時からワグラム・ホールで開かれた。入場料は三十フランから二百フラン。成功を危ぶむ声が多かった中で、柔道関係者だけは強気であった。じつはその前年にピエール・ド・クーベルタン・スタジアムで格闘技連盟によるグレコローマン・スタイルの選手権大会があり、柔道部門も特別参加して柔道のデモンストレーションを行い、観衆から十分の手応えを感じていたのだ。

当日会場にはスポーツ局の局長パスコ大佐や日本大使館代表の千葉公使、海軍の細谷武官、スペイン駐在フランス大使ピエトリ、空軍大将ル・ビゴ、ジョリオ＝キュリー教授、パリ大学区のスポーツ担当官ル・コズなどの名士が顔を揃え、三千人の観客でわき返っていた。プログラムの第一部はボネ＝モリの挨拶に始まり、居並ぶ出場選手を代表してドゥ・エルトゥが片手を上げ、選手宣誓をする。「私はいっそう技を鍛え、我が祖国のためにより役立つ人間となるように、規律を守って正々堂々と誠実に戦うことを名誉にかけて誓います」いかにもドイツ占領下らしい演出である。その後成人男子の乱取り、酒造之助とドゥ・エルトゥによる十五の投げの形の披露、オレンジ帯によるジウジツクラブ杯争奪試合、子供達の乱取り、選手権試合の第一回戦、メルスィエとバルドンの極の形の披露と盛りだくさんである。十分の休憩を挟んで第二部が始まる。緑帯と青帯によるクラブ杯争奪戦、酒造之助とボージャンの後の先の形、女性の乱取り、ボネ＝モリとジローによる護身術の演武、その間に選手権試合が三回戦まで行われ、決勝は二段のドゥ・エルトゥと初段のボージャンの対決となる。片や日仏クラブの古参、片やジウジツクラブの生え抜きで息詰まるような戦いになり、結局ドゥ・エルトゥの優勝に帰したが、観衆は二人に惜しみない拍手を送った。十九歳の全仏チャンピオンにはパスコ大佐から銀杯と柔道着が送られた。後にドゥ・エルトゥはこの時のことを回想して「ボージャンは私にくらべて練習量がずっと足りなかったのだ。彼はレバノンから戻ってきたばかりだったから」と述べている。大会を締めくくって酒造之助がボネ＝モリ、ドゥ・エルトゥ、ピクマル、アンドリヴェ、ソヴニエール、ボージャン、リュツフィ、ペルティエ、マレゼ、ラグレーヌという有段者十人を相手に戦い、なんなくこれを破って圧倒的な強さを見せつけた。

この時の収益は、前年に格闘技連盟が開催した選手権大会の収益の実に十九倍だった。これは柔道がフランス社会で広く受け入れられてきたことをスポーツ関係者に強く印象づける良い機会になった。

選手権大会が柔道家に与えた効果は大きかった。一九三九年から四二年までは有段者は十二人だったが、四三年には二十人となり、四四年には三十七人となる。

第二回選手権大会は翌一九四四年五月六日夕方六時から、パリの目抜き通りシャンゼリゼにあるパレ・ド・グラスで行われた。プログラムは前年とほとんど同じである。『自動車』紙の記事によると、一回戦で二段のソヴニエールが昨年のジウジツクラブ杯を受けた茶帯のブヴァールに敗れるという番狂わせがあった。二回戦ではジローが得意技を決めようとして苦しい形に追い込まれた。ボージャンはピクマルを苦しめたが、決勝戦に進出することはできなかった。そのピクマルはボージャンとの応酬に消耗してしまい、あのドゥ・エルトゥ相手に力で戦うという過ちを犯して自滅した。こうしてドゥ・エルトゥが前年に引き続いて優勝した。ジウジツクラブ杯の勝者ジャン・ゼンと準決勝進出者ジャン・アントニーニ、ランドシュベリの三人はマルセイユ警察に所属しており、ここで指導しているソヴニエールの指導者としての優秀さが賞賛された。「今回マルセイユがこの選手権大会に参加したことは、フランスにおける柔道の発展に新しい段階を示すものと言えよう。この成功は議論の余地なく川石師範の完璧な指導と、格闘技連盟の柔道部門の会長ボネ＝モリ氏の優れた運営の腕前のおかげである」記事はそう結んでいる。第一回の時には取材に来たジャーナリストは五人だったが二回目は八十人もが押し掛けた。財政の上からも大成功で、実収十五万フランを超えた。

この頃フランスじゅうがそわそわしていた。一九四三年二月レニングラード戦におけるドイツ軍の敗北で、戦局は転換点を迎えた。連合軍は北アフリカを制してイタリアに上陸、ムッソリーニは北に逃れてイタリアは無条件降伏する。一九四四年フランス国民は連合軍による解放を待ちわびていた。六月六日ノルマンディーに上陸した英米連合軍のパリへの進撃をパリ市民達が一喜一憂しながら見守っていた頃、パリに住む日本人達は慌ただしい動きを見せていた。ドイツが降伏して連合軍がパリに入城したら、日本人は敵国人として捕虜になる、そうなる前にフランスを退去せよ、とパリ在住の日本人に大使館から避難命令があった。酒造之助はフランスを離れたくなくてぎりぎりまで粘ったが、ついに最後の避難グループに加わってドイツに向かうことになる。

パリを去るにあたって、酒造之助は古くからの弟子達十人ほどを集めてこまごました注意を与えた。決して柔道を捨てないこと、互いにまとまりを保ってできるだけ一緒に練習することなどだ。それからジウジツクラブの世話をすることをボージャンに託し、柔道教師の育成の仕事と柔道全般に関する仕事はドゥ・エルトゥに託した。ボネ＝モリは技術的な面とクラブの運営管理と分担が決まった。ドゥ・エルトゥとボージャンはクラブのことも段位認定の権限についても、最初から二人一緒に仕事に当たることにした。酒造之助は一九四四年八月十五日、パリを逃れてベルリンに向かう最後の日本人グループに加わって自動車に乗った。単身ではなかった。彼には日本人女性の連れがいた。パリを出る直前に婚姻届を出した妻である。

女性は旧姓柴田サメという。一九〇一年（明治三十四年）岩手県の県北にある沼宮内《ぬまくない》町に生まれた。酒造之助の二歳年下になる。九人兄姉の八番目で、家は大きな米屋をしていたがサメが小さな頃に破産した。頭の良い子で、小学校六年生の時郡視学の試験に良い成績を取り、校長にほめられる。しかし家が貧しくなって上の学校に進めなかったので、教師達はその能力を非常に惜しんだ。その頃岩手県出身の学者で教育者でもあった新渡戸稲造がたびたび郷土を訪れた。世界的に名の知れた学者になってからも、新渡戸は貧しい郷里の人々のことを忘れず、そこから有為の人材を育てて岩手の未来を託そうと考えていた。そこで彼は成績優秀で勉学の意欲がありながら貧しさから進学の道を絶たれている子供達を自宅に引き取り、男なら書生、女の子は女中として面倒を見ながら夜学に通わせていた。教師や町の有力者の働きかけがあって、サメは新渡戸家の女中になることができた。彼女には画才があったので、それを伸ばすようにと美術学校に通わせてもらう。後に東京女子大学の学長もやった新渡戸は、女性でも自分の能力を活かして生活していく力をもつべきだと考えていた。サメは美術学校を卒業してまもなく函館出身の青年と恋仲になって結婚し、その青年についてヨーロッパに渡った。大正十一年頃である。この男性について詳しいことは分からないが、この時代に妻を連れて渡欧するのだから、新渡戸稲造の周辺にいたエリート青年ではないだろうか。しかし結婚生活はうまくゆかずロンドンで離婚することになり、サメはそのままイギリスに残る。今後の生き方を模索して、当時ジュネーヴの国際連盟事務局の事務次長をしていた新渡戸稲造を訪ねて相談したりした。結局彼女は日本には帰らず、ロンドンで自活する道を選ぶ。絵の才能を活かして食器や家具に絵付けをする仕事についたが、細かい作業の割に賃金は安く、苦しい生活であった。なぜ二十代の若い盛りを異郷ですり減らすような生活を選んだのだろうか？日本に帰りたいと言えば、おそらく新渡戸稲造は旅費の工面ぐらいはしてくれたであろう。サメは地味な性格であったが、理知的で意志が強かった。それに新渡戸の感化を受けたのかも知れないが、女性も一個の人間なのだから、他人に隷属せず自分自身の基準と判断によって生きてゆきたいと考える人であった。そんな彼女にとって、女は男の従属物のようにしかみなされていなかった大正末から昭和初期の日本の社会よりも、女性の参政権が論議されているようなイギリスで暮らすほうが、たとえ経済的には苦しくても精神的には心地よかったのではないだろうか。

このロンドンで柴田サメは酒造之助と出会った。二人の間にどのような恋愛感情があったのか、なかったのかは分からない。ただサメの窮状に酒造之助が同情したのは確かのようだ。後年サメは「苦しいときに川石に救われた」と語っていたという。二人が出会ったのは酒造之助がイギリスに来た一九三一年から彼がフランスに渡った一九三五年秋の間ということになる。しばらく二人は同棲していたが、酒造之助がパリに渡る際別れて、サメはロンドンに残った。一九三七年のジョージ六世の戴冠式を見たと後年サメは親戚のものに語っているから、この頃はロンドンにいたわけだ。しかし酒造之助がパリに行ってしばらくしてサメから手紙があり、もしまだ結婚しておらず身辺に女性がいないのなら、自分がそばに行って世話をしたい、と云ってきた。これは愛情から申し出たことなのか、経済的な苦しさを抜け出すための道と考えたのかはよく分からないが、おそらくその両方があったのだろう。十年以上も女一人外国で生き、生活に追われた暮らしをしていれば、ふと頼りになる男性の腕の中に入りたくなった、ということは十分考えられる。酒造之助は学識があり見聞も広く、サメにとって話のレベルが合う人間だった。それに同じ日本人であれば、細かい説明をしなくても分かり合える部分が多いから、気が休まる。しかし、それならなぜ酒造之助がパリに渡ったときに同行しなかったのだろう？　細かい経緯は不明だが、男性上位の考えがしみついた当時の日本男性の典型のような酒造之助の言動が二人の間にわだかまりを作ったのではないだろうか。ともかくサメは三、四年遅れて酒造之助の許に来た。その頃は酒造之助の仕事も軌道に乗り、金回りが良かった。酒造之助の周囲にはラディウム研究所のエリート研究員達や医者、弁護士、実業家といった裕福な人々が出入りして、パーティーなどのつきあいも多かった。そのような機会に、酒造之助はサメを着飾らせて連れて行くのを好んだ。着る服を指示することさえあった。サメは自分が一人前の人間ではなく、人形のように扱われていると感じて不満だった。家計も酒造之助が握り、サメは生活費として必要な金をそのつど酒造之助からもらわなければならなかった。また酒造之助は金離れがよく、チップや買い物などに気前良く金を使うのでサメはハラハラする。「そんなにたくさんチップをあげなくてもいいじゃありませんか」と注意すると、酒造之助はうるさそうな顔をした。酒造之助が酒造家の息子として金銭的には鷹揚に育ってきており、それに気前の良い金遣いが人の心をとらえることも知っているのに対して、サメは貧しい少女期を過ごし、新渡戸家では質素倹約を教え込まれた。この二人の生活感覚が食い違っていたのは当然である。家計を夫が握っているというのは、フランスではめずらしいことではない。豊かな家庭では妻は生活費のことなどに煩わされず、楽しみと美しさを追い求めて暮らすというのが理想であった。しかしサメは主婦として家の中を切り盛りしたかったのだ。自分の能力を発揮できる場を与えられず、夫の影のようにただ従うだけの生活ではどんなに華やかな暮らしでも、いや華やかに見えれば見えるほど空しさを感じてしまう。この当時のサメについて「あんなに美しいパリで暮らしながら、豊かな生活を楽しんでいるようには見えませんでした。陰気な感じがしましたよ」という証言がある。

ロンドンでもパリでも酒造之助はサメを正式の妻とはしていなかった。しかしパリを脱出するとき、戸籍上も夫婦でなければ一緒に連れて行くことはできないといわれて婚姻届を出し、柴田サメは川石サメとなった。ベルリンに着いた日本人グループはドイツ在住のグループと合流してベルリン郊外に落ち着いたが、ベルリンの空襲が激しくなったため、ベルリンに近いマールスドルフに百二十人ほどの集団で避難した。翌一九四五年五月七日ドイツが無条件降伏。マールスドルフにソ連軍が入ってきて、酒造之助達はモスクワに送られることになる。五月十八日マールスドルフを退去し、二十日にベルリンからモスクワに向けて列車で出発する。ポーランドのワルシャワを通過し、モスクワについたのは五月二十五日であった。ヨーロッパから送還されてきたこれら日本人の取り扱いについて当時のソ連駐在日本大使佐藤尚武がソ連政府と交渉した結果、一人千ルーブルずつもらって満州経由で日本に帰国することに決まった。それからシベリア鉄道の長い旅になる。途中車内でソ連兵に腕時計や金目のものを巻き上げられるということもあり、敗戦国の民の悲哀を味わう。列車が国境の町満州里《マンチュウリ》に近づいた頃、ソ連兵が続々と国境付近に集結しているのを見る。当時は日ソ中立条約がまだ効力を持っており、日本政府はソ連大使を通じて連合国との和平工作をしていたほどで、おおかたの日本人にはソ連の参戦など思いも及ばなかったのだが、この時期にソ満の国境を越えた者達にはソ連の参戦を予想することができた。六月五日にハルピン着、松花江《スンガリー》のほとりにたつ白系ロシア人の多い美しい町であった。四日後に新京（現長春）に着く。当時の満州国の首都である。二週間ほど新京で体を休めた後、六月二十二日に新京を発ち日本に向かうことになった。しかし新京はまだ平穏で食糧事情も良好なため、希望者は残留してもよいということになって、酒造之助は残った。長い過酷な旅の疲れがでて、サメが体をこわしていたのだ。入院は三ヶ月にも及び、酒造之助は持ってきた宝石や貴重品をほとんど売り払って看病に当たった。その間に病院の外ではめまぐるしく情勢が変化していた。八月八日ソ連が参戦を宣言し、九日には満州に進攻、八月十五日に日本無条件降伏となる。新京は日本人の多い町で、敗戦後も比較的秩序は保たれていた。翌一九四六年夏頃から新京在住の日本人の内地引き揚げが始まる。酒造之助達は葫蘆島《ころとう》から引き揚げ船に乗り、九月に博多にたどり着いた。一九二六年五月に日本を離れてからちょうど二十年目、東回りに地球を一周しての帰国であった。

酒造之助は博多に着くと、まず有り金をはたいて鮨を食べた。新鮮な生の魚の味、二十年ぶりでも忘れてはいない日本の味だった。荒涼としたシベリアの土地、赤土の続く中国の風景を過ぎてくると、日本は緑の美しさが目にしみる。やっと祖国に帰ったという実感がわいてくる。それからサメを連れて戦災の跡も生々しい姫路に帰りついた。懐かしい町並みは破壊され実の兄弟達もすでにおらず、酒造之助は今浦島のような心境であった。それでも郷里は心を和ませてくれた。

しかしサメは姫路の暮らしになじめなかった。古い土地柄で、しかも大きな造り酒屋の家であれば、しきたりや世間体を大事にする。義理やつきあいを欠かせない。自分自身の判断よりも周囲の状況で物事が決まる。ヨーロッパで個人主義の暮らしになじんできたサメにはそれが苦痛だった。しかも酒造之助が再びフランス行きを本気で考えていることを知って、彼女は別れを決心した。もう一度自分の力だけで生きて行こうと考えたのだ。一九四七年暮れにサメは郷里の岩手に帰る。四十六歳になっていた。酒造之助は多少なりとも送金すると約束し、又時々消息を伝え合うことも決めた。サメと別れた翌年酒造之助は再婚し、フランスに戻った。

帰郷したサメはしばらく県北に住む姪の所に世話になっていたが、やがて自活のため盛岡に出てきた。私立高校で非常勤の英語講師をしたり、間借りしていた部屋で中学生高校生に英語を教えたりして暮らし始めた。しかし昭和二十年代半ばの日本はみな貧しく、受験戦争などという言葉はまだなかった。家庭教師を頼む家庭も少なく、サメの暮らしはきわめてつましいものであった。借りていた六畳間には小さなちゃぶ台と、リンゴ箱に紙を貼って重ねた本棚が置かれているだけだった。ただその中にあって、外国での暮らしを思わせる美しい贅沢な品物が幾つか身の回りに見られた。繊細な模様が刻まれた銀のスプーン、肌色の絹の繻子地いっぱいに縫い取りを散らして鯨骨を入れたコルセット、真珠の飾りのついたハットピン。パリからの長い苦しい逃避行の間も手放さなかった品々である。

酒造之助の送金は彼が結婚してフランスに渡ってからは絶えた。当然のことだ、とサメは思った。便りはたまにあった。五十三歳の時腸捻転となり市内の病院へ入院する。入院中は市内に住む姪に一切の世話になり、年老いてからの一人暮らしの不安を思い知らされた。それから三年、穏やかに暮らしているように見えたが、ある日姪の許にサメからの遺書が届けられた。駆けつけてみると、すでに事切れていた。薬による覚悟の自殺で、前々から準備していたらしくすべてがきちんと整理されており、手紙日記のたぐいは見あたらなかった。姪をはじめ親しかった人々に遺書を書き、それぞれに遺品を残していた。内輪の人々だけでささやかな葬儀が営まれ、サメはごくわずかな人々の記憶の中にとどめられた。

連絡の手がかりもないため、酒造之助にはサメの死は伝えられなかった。

盛岡で自活を始めたときから、柴田サメは川石ミキと名乗っていた。盛岡の知人達はそれが本名だと信じていたが、酒造之助と離婚したときサメは兄の戸籍に入り、柴田姓に戻っている。どういう気持ちで彼女が川石ミキと称していたのか誰にも分からない。

第二部

一　フランス柔道連盟の誕生

一九四四年に川石酒造之助がフランスを離れたとき彼の弟子は一五〇〇名、有段者は三〇名余になっていた。第二次世界大戦が終わる頃からフランスの柔道はめざましい発展を見せる。川石酒造之助やドゥ・エルトゥ、ボージャンらの優秀な弟子達がパリ市内及び郊外に次々と道場を開いた。ロンドンが「柔道クラブ・サントノレ」を、ラモットが「ジウジツクラブ・オペラ」、メルスィエとアンドリヴェが「ジウジツ・スポーツサークル」、ペルティエが「ジウジツクラブ・サンマルタン」、「ジウジツクラブ・ナンテール」はドゥ・エルトゥが指導、というような具合であった。地方では警察と軍隊を通して発展し、マルセイユ、ボルドー、ニース、ポワティエなど幾つかの支部ができるが、指導者不足がパリ以上に深刻な問題となっていた。

一九四三年、四四年の柔道選手権大会の大成功はフランス社会における柔道の人気をスポーツ関係者に認識させる結果になり、格闘技連盟の中でも無視できない存在になる。しかしそれだけに新参ものの柔道に対してボクシングやレスリングなどからの風当たりは強く、一九四四年二月に格闘技連盟のバリエール会長が死去して後任にボネ＝モリが決まったとき、格闘技連盟の役員の中から辞任騒ぎが起きた。そのため、結局ボネ＝モリは数週間後に辞退せざるを得なくなる。フランス解放後兵士達が戦場から戻り、地方に避難していた市民達もパリに帰ってくると、どの道場も活況を呈し、新たに数百名の入門者が生まれた。このため柔道関係者の組織化が急がれたし、レスラーよりジュードーマン（戦争直後の英語全盛時代の影響を受けて当時はそう呼ばれた）のほうが数が多くなって、柔道を格闘技連盟から独立させて自前の組織を作ろうという気運が一段と高まる。格闘技連盟との話し合いも友好的に進んで、一九四六年フランス柔道柔術連盟が正式に認知され、十二月五日付けの官報に告示された。「フランスに現れてから十年目で柔道はその最も苦しい試合に勝ったのである」とクロード・ティボーは『百万人の柔道家』の中で感慨深げに書いている。初代会長にはボネ=モリが坐り、副会長にラモット、技術指導はドゥ・エルトゥとボージャン、事務局長はマレゼという顔ぶれであった。

ポール・ボネ=モリは一九〇〇年パリ生まれの物理学者である。この時代の科学者が一般にそうであったようにスポーツ好きで、ボクシング、テニス、ラグビー、そしてヨットに興味を持っていた。しかし、フレデリック・ジョリオ=キュリー夫妻のラディウム研究所で働いているときに柔道に出会って以来これに魅せられ、研究の傍ら創世期のフランス柔道と歩みを共にしてきた。柔道を始めたのは比較的遅く三十台前半であった。ジウジツクラブで酒造之助の最初の弟子の一人であり、一九四〇年八月一日に初段となる。モリス・コトゥローの第一番に続いて初段の登録番号二番である（一九四〇年六月十二日に昇段したドゥ・エルトゥは第一番二号と記録されている。なおドゥ・エルトゥと同じ日に初段になったビルンボームはその直後にパリを脱出し、戦後しばらくフランスに戻らなかったので登録が遅れて五十一番になっている）。ボネ=モリは初期の頃からジウジツクラブの活動にはすべて関わってきており、フランス柔道発展のための最も強力な推進力の一人となった。フェルデンクライスがイギリスに帰った後は、酒造之助と力を合わせてジウジツクラブを運営してきた。彼が柔道に興味を持ったのは単にスポーツとしての面だけではない。フェルデンクライスと同じように、科学者として力学的な興味もあった。それに加えて精神的な効用や武士道精神に惹かれた。フランス柔道柔術連盟の会長となった彼は、柔道を多くの人々に受け入れられるスポーツとして発展させるよう努力する一方で、礼を重んじ「精力善用」「自他共栄」の精神に支えられた柔道の本質が見失われないように心を砕いた。研究の分野では国立科学研究所の研究副部長であり、ラディウム研究所の放射線防御部部長、国立核科学技術研究所の教授などの要職につき、フランスの原子力研究開発重視の政策にのって学問的にも政治的にも大きな影響力を持っていた。柔道がフランス全国に普及し、さらにヨーロッパに急速に愛好家を増やしていった時期に、フランス柔道界にボネ＝モリのような人物がいたことはこの国の柔道にとっては幸いなことであった。

柔道柔術連盟ができる前年一九四五年にフランス柔道柔術教師協会が結成された。柔道教師、つまり職業的柔道家達がアマチュア（非専門家）に管理されることを嫌って「フランスにおける柔道教育を発展させ、柔道教師達の物質的並びに精神的利益を守ること」を目的として作ったものである。創立メンバーはラモット、ドゥ・エルトゥ、ボージャン、ジェルボー、マレゼ、ポルティエ、ペルティエ、ロンドン、レネール、トパンの十人であった。道場が乱立して共倒れにならないように調整したり、教授法の確立のため話し合ったりした。なかでも教授法の変革と有段者育成には専門委員会を設けて力を入れた。

柔道教師になるには「黒帯を持っていること」が必要にして十分な条件であった時期が長かった。ごく初期には、ドゥ・エルトゥが緑帯でアニエールのクラブを指導した例があるほどだ。一九四一、二年頃の昇段試験の取材記事では、初段になった者をチャンピオンと呼んだり、黒帯をチャンピオンベルトと書いているものもある。有段者がきわめて少なかったので、初段になることが最大の目標となったのだ。日本においても、明治三十年代には同じような状況だったことが前にあげた三船久藏の文からうかがえる。フランス解放直後から柔道入門者が急増し、柔道教師が引っ張りだこだった頃、この仕事は良い金になり、また弁護士などと同じように名前に「メートル（先生）」という敬称が与えられ、社会的敬意も払われていた。熱心に修行すれば三年で有段者になる可能性があるので、柔道専門家になるつもりで取り組む人間が少なくなかった。その結果一九四八年以降有段者の数が飛躍的に増える。もちろん有段者のすべてが教師を目指しているわけではないが、柔道が柔道教師という新しい魅力的な職業を生み出したのは確かである。そしてまた、これがフランス柔道発展のカギにもなった。

日本での柔道の普及は初期の段階から中等教育の場や大学、或いは警察や軍隊を中心に行われてきて、一般市民を対象にした町道場の存在感は余り大きくはない。道場経営だけで生活するのは昔も今もそう楽だとはいえないだろう。一方フランスでは一般市民が柔道に関心を持ち、そのためには町の道場かスポーツクラブの柔道教室に行く。会費はボクシングやレスリングなどにくらべると高いが、それでも魅力を感じて生徒は押しかける。授業料を高く設定することで「柔道は高級なスポーツ」というイメージも生まれた。柔道教師は生徒の数を増やすように努力し、この職業で充分に食べていけた。

ところでイギリスの場合、小泉軍治は東洋美術品の売買という本業を持っていて、柔道を生業にはしていなかった。彼はイギリスの貴族的なアマチュアスポーツの伝統を受け継いで、利欲に恬淡としていた。小泉と酒造之助はこの点で見解に食い違いが生じ、不和となったのである。イギリスに柔道が伝えられたのはフランスより早いのに、その後の普及発展の規模においてフランスに追い越されたのは、この二人の指導者の性格や考え方の違いによるところが大きい。

柔道家達のなかに専門家とアマチュアという違いを意識するものが多くなって来た結果、選手権大会をこの二つのカテゴリーに分けてやるべきだと主張するものがでてきて、一九四五年の第三回フランス柔道選手権大会は柔道教師の部とアマチュアの部に別れて行われた。しかし古参の柔道家達は反発して参加しなかった。その結果教師の部の全階級において優勝したのはピクマル、二位はジローだったが、試合にエントリーしたのはこの二人だけだった。このような運営方法はおおかたの興味を引かず、一度で廃止された。この年にはもう一つ新しい試みがなされた。ジュニア選手権大会を設けたもので、これはその後も継続され有望な若手の発掘に道を開くことになる。

一九四七年十一月にはドゥ・エルトゥの呼びかけで有段者会（Collège National des Ceintures Noires 略称はCNCN）が正式に発足する。これは酒造之助がフランスを離れる前に、指導者を失った有段者達が目標を見失って散り散りになることがないように、皆の気持ちの中心になるような会を作ることを示唆していったものだ。具体的にどのような形にするかについては言及していなかったが、すでに一九四二年のジウジツクラブの内規に「理事会は技術と柔道精神に係わることに関しては、最も古い有段者で構成し、柔道の正しい伝統を守るべき任務を負わされている有段者会の意見を求めなければならない」とある。つまりドゥ・エルトゥの呼びかけは、すでに機能していたものに正式な形を与えるきっかけを作ったに過ぎない。その原形は日本にあった。柔道が発展して弟子の昇段を一人で処理できなくなったので、嘉納治五郎は一九〇〇年に高弟を集めて講道館有段者会を作った。イギリスには一九三四年大英帝国有段者会ができていた。酒造之助はロンドンに滞在中この会の理事の一人であった。フランスの有段者会は有段者達の集まりで、その点では柔道柔術教師協会と似ているが、教師協会の方は職業上の利益を守ることを目的にしているのに対して、こちらは個々の柔道家として互いの技を錬磨し、柔道精神を深めていこうとするものである。柔道連盟や教師協会が規約や法律に縛られる組織体であるのに対して、有段者会は同じ道を求めていく同志という心情的な結びつきが強くなる。この間の事情を創立時のメンバーの一人であるジャン＝ジョルジュ・ヴァレはこう述べている。

柔道には肉体的な訓練や試合という外面があるけれども、決してこれをスポーツと同一視してはいけない。実はこれは哲学的ないし精神的な一つの教育方法であって、人生を理解する特別な手段つまり柔道精神を与えることが目的なのだ。この柔道精神、あるいはそれを獲得するための方法は直観的なもので、必然的に理性の産物である法律にはなじまない。従って柔道柔術連盟の枠に押し込められると柔道は窒息してしまう。こんな状況で柔道精神の飛躍を保証できるのは有段者会だけである。

戦後フランス政府はスポーツ政策において、各種目の公式連盟に補助金を出し、全国大会開催や国際試合への参加、選手選出の仕事など一切を任せて大きな権限を与えた。このため柔道連盟の力が強大になり過ぎ、とくにスポーツという面を押し出して柔道界を引っ張っていくことを恐れた者達は、有段者会の役割を柔道の伝統尊重、段位授与、柔道教師の認可に置いた。有段者会の規約は大変厳しいもので、すべての柔道家は特別の許可なくして以下のことをすることは禁じられていた。

「柔道部門の協力なしに行われるスポーツ大会、演武、試合に出場すること、柔道及び柔術に関する著作を出版すること、記事を書いたり講演を行ったり、新聞ラジオのインタビューに応ずること、柔道柔術についての映画を作ること」。

また倫理規定も課せられていた。

「一、柔道の実践を続けること。余儀ない事情による場合を除いて柔道を放棄しないこと。

一、柔道を傷つけるようないかなることも行わない。

一、特別な許可のない限り、秘密の技術、とくに〝活〟を他人に漏らしてはいけない。

一、いかなる状況においても柔道の名誉の掟を守らなければならない」等々。

ジャン・アンドリヴェが初代会長に選ばれた。

有段者はすべて連盟と有段者会に同時に所属していたし、さらに教師協会に入っている者もいるという状況で、これらの団体の中核になるメンバーはほぼ同じ顔ぶれであった。組織が煩雑になり硬直化するのを心配する声もあったが、ボネ＝モリはフランス柔道界の団結と統一、それに安定した構造こそが柔道を発展させるものだとして組織化に力を入れた。少数の柔道家が仲間内で腕を磨き合っていた時代は過ぎたと彼は見ていた。科学者らしい冷静な態度がまだ基盤の不安定なこの時期のフランス柔道界にとって大きな支えとなっていた。

有段者会の会員は週に三、四日は自分の道場で弟子に教え、残りの二日、水曜と土曜はクラブに来て稽古した。「有段者会で稽古している」ということが名誉と見なされ、まだ段位を取ってない者には憧れと励みになった。会員の意気は高揚し、有段者会の団結を誇示するためにドゥ・エルトゥは会の頭文字を手首に入れ墨する事を提案したほどだった。しかしナチス・ドイツが強制収容所のユダヤ人に囚人番号を刺青した記憶がまだ生々しかっただけに、さすがにこれは退けられたが、有段者同士には、どこか、密教の信徒共同体のような強い一体感があった。

こうして柔道の組織化は着々と進んでいったが、一番の悩みはなんといっても高段の指導者がいないことで、川石酒造之助の呼び戻しはフランス柔道界あげての念願となった。柔道柔術連盟が政府に働きかけて、一九四七年度のフランス柔道選手権大会の収益金十一万フラン全額を川石師範帰還のために拠出し、強力なキャンペーンを展開していった。一方その間にも熱心な研究が行われていた。『柔道　その歴史その成功』によると、当時は適当な解説書が手に入らないため、一九一〇年頃にル・プリウールが訳した横山作次郎の柔道入門書の古本をコピーしたものを買ったり、あるいは交換したりして、ぼろぼろになるまで読んだ。以前嘉納治五郎がフェルデンクライスに与えた柔道の実写映画はイラスト入りの本になり、一部の運の良い者だけが手に入れることができた。三船や永岡らの演武の様子や解説は念入りに研究された。後に講道館に修行に来たロジェ・デュシェーヌはこの頃について「虫眼鏡を手にとって研究するような注意深さをもって観察し」たと述べている（ロジェ・デュシェーヌ「フランス人の柔道」『読売評論』一九五〇年十月号）。

このような閉塞的な状況を打開するために、連盟は外国の柔道家との接触を試みた。イギリスの武道会から招待が来たのである。小泉軍治は戦時中も日本に帰らず柔道の指導を続け、イギリスでは人数は少ないが技術水準の高い柔道が行われていたので、フランスの柔道家は喜んで招待を受けることにした。代表選手を決定するために有段者全員を対象にした対英戦出場者選抜試合が行われ、ペルティエ、ルヴァニエ、ヴァレが選ばれ、それに国内選手権大会の優勝者ドゥ・エルトゥと準優勝のラグレーヌを加えた五人に決まる。試合は一九四七年十二月二日ロンドンのセイモア・ホールで行われた。フランス最強のメンバーは鉄道ストのフランスを車で辛うじて抜け出し、試合直前に会場に到着した。

緒戦はルヴァニエとチューの対戦で、これは跳ね腰でルヴァニエの勝利となる。気をよくしたフランス側は楽観的な空気になるが、次のヴァレとカワート戦はヴァレが積極的に攻めて優勢に見えたが、カワートに逆技で返され引き分けとなる。ペルティエとセキネはともに軽量で試合運びが早く、似たタイプであった。闘志満々のペルティエに対してセキネは泰然自若として組み、ほんのわずかな隙をついてペルティエを体落としで投げた。その早業にペルティエは何がなんだか分からず、気がついたら床に投げ出されていたという感じであった。セキネが投げる時にかける激しい気合いが印象的で、彼は肉体的にも精神的にも鍛えぬかれた正確で無駄のない動きを見せた。四番目のラグレーヌはデルピアーノに寝技に持ち込まれ、絞めで落ちた。最後のドゥ・エルトゥは小柄でがっちりした陽気な男モッソンに楽勝するつもりでいたが、モッソンがかけてきた二度目の小車《おぐるま》で敗れる。結局イギリスが三勝一敗一引き分けで勝ったが、観衆は柔道に理解を持ち、その伝統と精神に敬意を払っていて、試合は終始気持ちの良い雰囲気のなかで行われた。フランスの柔道家達は技術面ではまだまだ磨きがたりないが、全体として自分達がそれほど遅れてはいないと感じて安心し、相手の動きによくついてゆき相手の力の方向を見定めてそれを活用するように心がけよ、という小泉師範の助言をありがたく受けた。小泉は柔道は勝敗にこだわるスポーツではなく人間錬成の一手段であると説き、自分の技と相手の技を合致させて、無理なく自然の形のなかから勝機をつかむことを教えた。折りあるごとに「自他共栄」を力説し、柔道精神を人生に活かすよう指導していた。穏やかな人柄と一滴の酒も口にしない求道者のような謹厳な生活はイギリスの柔道家達の敬愛を集めていた。

一九四八年七月のロンドンオリンピックを機会にイギリスとイタリアの主導で、これにスイス、オランダが加わってヨーロッパ柔道連合が結成された。しかしフランスは、この先で述べるように、酒造之助の助言をいれて参加を見合わせた。ヨーロッパの柔道大国が参加しなかったのでこれは実質の伴わない組織であった。ヨーロッパ柔道連盟結成の試みはこれまでにもあった。一九三三年ドイツとイギリスにおいてそれぞれ別個に動きがあり、この年渡欧した嘉納治五郎が仲介し、これを国際柔道連盟に広げていこうと云う構想を打ち出した。だがイギリスやフランスなどはドイツが中心になることには難色を示し、まとまらなかった。ドイツは一九三四年にドレスデンでヨーロッパ柔道選手権大会なるものを挙行した。フランスにも招待があったがフランスの柔道家達は反発し、参加しなかった。

二　酒造之助の復帰

英仏柔道大会はフランス人にすぐれた指導者の必要を痛感させた。ボネ=モリは酒造之助の帰国後たびたび日本に手紙を書いてフランス柔道の現状を伝え、酒造之助にフランスへの帰還を要請してきた。もとより酒造之助もそれを望んでいたが、連合国側との講和が結ばれていない時期に民間人が国外にでるのは難しかった。ここに酒造之助がボネ=モリに書いた一通の手紙がある。日付はないが一九四八年初めらしい。

親愛なるボネ=モリ様

十二月二十三日付けのご親切なお手紙ありがとう。昨年五月以来私はもっと多くの手紙を書いたのだが、航空便ではなかったのです。

（1）私のパリ帰還についてあなたが最善を尽くしてくださっているのを感謝します。私はいつもパリのことを夢見ています。しかしもし我々が全面講和成立を待つのであれば、今年中にチャンスは来ないかも知れない。フランス外務省と折衝はできませんか？　もしフランス政府からの招待があれば、私は講和条約成立前に戻ることができるでしょう。こちらでは私は何もできない、領事は講和まで待てと公式的に答えるだけだから。しかしそれはどんなに長くかかることか！　柔道連盟を通して政府に働きかけることができないだろうか？

（2）あなた方が武道会と親密な関係を保っているというのは嬉しいニュースです。しかし私抜きで国際的な組織を作ることは慎重に考えてみなければならない。もちろん私には大きな計画があるが、今説明するのは難しい。あなた方は良好な関係を維持しておくだけで、それ以上に進まないほうがいいとだけ云っておこう。また講道館とは関係を持たない方がいいでしょう。

（3）今、日本では柔道は統制がとれていません。戦前には講道館は東日本で強い影響力を持ち、西日本は武徳会が支配していて、それぞれ別に段位を出していました。有段者は皆そのどちらかに属していたのですが、今やそれが変わってきました。今では武徳会はもはや存在しませんし、講道館は半ば崩壊し、もう影響力はありません。日本の各都市には各自の組織があって、昔のやり方によらずに自分たちの委員会で段位を与えています。県や地域で柔道連盟を作るところがあり、いくつかの町の柔道組織を支配して、独自の段位を与えています。講道館は再出発するかも知れませんし、一方武徳会に所属していた高段者達も何か組織を作るかも知れません。しかしどの都市にも非常にたくさんの柔道家がおり、彼等はすでに強い影響力を打ち立てています。私の柔道連盟には四百人の有段者がおり、私は国際柔道連合を作ろうとしています。柔道の歴史は全く変わりました。我々は民主的なスポーツ柔道を組織しなければなりません。どうかこれを理解していただきたい。私がパリに戻ったら日本の最もすぐれた柔道家をフランスに招き、大きなことをやってみるつもりです。それがなんであるか分かりますか？　強大なフランス柔道連盟は独自の強い影響力を持つべきです。そして、もちろん、もう日本の下にいるべきではありません。日本ではもはや必修の学校柔道はありません。有望な未来があるのはフランス柔道だけです。今あなたがあまりに先へ進みすぎたら、後で足を洗えなくなるのではないかと心配です。なぜならこれから先ずっと私にはあなたが必要ですから。どうか私のこの考えとこのレポートのことは皆に伏せておいてください。

（4）フランスの私の弟子達の段位については、私がパリに戻りしだい一番先に処理するつもりです。直接に四段を作るかも知れません。

多くの会員からたくさん手紙を頂き、彼等の温かな友情に感謝しています。この人達に返事を書くつもりですが、航空便ではないでしょう。どうか彼等によろしくお伝えください。あなたから良いニュースを期待しながら

敬具

川石酒造之助

ボネ＝モリがフランス柔道の活動を詳しく酒造之助に伝え、酒造之助は混乱している日本柔道界の現状に失望し、フランスの発展に期待していた様子が窺える。そしてこの年の晩秋、四年三ヶ月ぶりに念願の酒造之助の帰還が実現した。

一九四八年十一月三十日マルセイユ港は朝早くから賑わっていた。柔道柔術連盟会長のボネ＝モリ、有段者会会長

アンドリヴェ、それにドゥ・エルトゥ、ピマンテル、ビルンボームなどフランス柔道界の実力者が大勢顔を揃え、酒造之助一家が上陸手続きと通関を終えるのをじりじりしながら待っていた。やっとでてきた酒造之助に口々に挨拶して感激的な再会を果たしている間も、ジャン・ゼンとマルセイユ在住の貿易商笠戸氏は最後の書類を作成したり荷物をまとめたりするのに追われていた。フランス人の妻をもつ笠戸氏はマルセイユに根を下ろし、この町を通過する日本人をまるで私設領事のようによく面倒を見てくれた。昼にようやく全員が笠戸氏宅にそろって、歓迎の昼食会になる。席上酒造之助は念願かなって帰還できた喜びを述べた。午後はジャン・ゼンが指導しているプロヴァンス柔道クラブの新装なった道場見学に当てられた。翌十二月一日はラジオインタビューのためボネ＝モリ以下の弟子達と放送局へ行く。これはフランスじゅうの柔道家が自分達の先生の声を聞くことが出来るようにと、ゼンが準備した番組だった。夜は二つの新聞からのインタビューをこなす。二日の午前中は、四日に行われる酒造之助歓迎柔道大会のために、こまごまとした指示をドゥ・エルトゥとゼンに与えた。午後はゼンがお膳立てしたジャーナリスト達との懇談。三日はニースに近い町アンティーブにある国立の武術学校校長マンゲン大佐の招待を受けて、酒造之助は学校を訪問した。酒造之助の古い弟子であるビルンボームがこの学校で柔道部門の技術指導をしているので、その練習風景を見学し助言を与えたりした。この間酒造之助一家はプロヴァンス柔道クラブの世話になり、マルセイユで最も美しいアルボワ・ホテルに滞在していた。そして十二月四日、川石先生フランス帰還歓迎柔道大会の夜になる。催しは市内の劇場で行われた。

連日の新聞やラジオの報道でこの会のことを知って、大勢の観客が押し掛けた。しかし彼等の大部分は柔道のことをよく知らないので、素人にも分かりやすい演出が考えられた。第一部では柔道の基本の技と防御の技をゼンと弟子達が演じて見せ、次に実例を示すためにウダールが三人の柔道家を相手にして、三分以内に次々と破って見せた。さらにビルンボームが指導したアンティーブの武術学校の教師達と、ボゲールに習ったニースの柔道家達との間で試合が行われ、アンティーブ側が圧勝した。一部の最後は三人掛、五人掛で有段者が技を競った。ジャン・ゼンは目隠しをしたまま五人と対戦して、全員を三分五秒で破り会場をわかせる。第二部ではまず酒造之助が柔道の歴史を簡単に説明した。これは英語で行われ、ジャン・ゼンの弟子の一人がフランス語に逐次通訳した。つぎに刀を振りかざすドゥ・エルトゥを相手に、酒造之助が護身の術を実演した。ほんの少し体を動かすだけで危険を避け、次いで気合いもろとも相手を四メートルも向こうの床に投げ飛ばすという派手な舞台を見せる。また人体図で急所を示しそこを攻める。この分かりやすいデモンストレーションに観客は大喜び。おまけに最後はもう一度気合いをかけて、ドゥ・エルトゥを数秒間床の上に釘付けにした。その後は有段者達の形の演武、そして椅子やビン、ナイフなどさまざまな道具で襲いかかる敵を撃退する護身術。血の気の多いマルセイユっ子が熱狂した夜であった。

地元の新聞はこぞってこの柔道の祭りの様子を報じた。

柔道の大家　マルセイユっ子を魅了

中に入ることができた柔道家は運がいい。土曜日の夜アルジェ通りの劇場の入り口は押し掛けた人の波で埋まった。千人しか収容力のないホールに二千人入ろうとしていたのだ。

入場できた者は期待を裏切られることはなかった。開演は四十五分遅れたが、演じられたものは見るだけの価値はあった。

フランス全国からやってきた十人の有段者がお互いに、あるいはプロヴァンス柔道クラブの会員を相手にすばらしい戦いを見せてくれた。ドゥ・エルトゥとビルンボームの鮮やかな技に喝采が起こり、ジレとルヴァニエの柔軟さとテクニックが賞賛された。後の二人は攻め技とその返し技の一連の動きをスローモーション映画のようにやって見せたが、これは熟練した技術を要求されるものである。

次にフランス柔道の創始者川石師範の演武となる。六十歳に近いこの人はその動きの敏捷さ（常にとても素早い）と目の確かさ（いつも好機をうかがっている）で満場を驚嘆させた。柔道はほんの一瞬のうちに行われることを彼は証明した。彼のマルセイユ来訪は異例のことである。おそらく我が町にこのような幸せな出来事が起きることは、もう決してないだろう。従ってこの会を準備してくれたことをジャン・ゼンに感謝しなければならない。（『ラ・フランス』紙　一九四八年十二月六日付け）

また酒造之助もフランス到着時の歓迎ぶりを講道館に次のように伝えている。

十一月三十日マルセイユに上陸の際には全く豫想外の大歓迎でびっくり致しました。十二月四日に南佛柔道會で大會を計畫し私の名を大々的に宣伝していたので市當局の歓待を初めとしラヂオ放送はさせられるし新聞には毎日寫真入りで私の談話を發表する始末。大會場は三千人の収容力しかないので切符は前日賣りきれ數倍の人々が入場を断られたとの事でした。（中略）協会の報告に依りますと十二月十日現在で全佛に有段者八十二名、登録修行者五五〇〇名、此の外の無登録修行者約四四〇〇〇、所属道場七〇、外に陸軍警察等協会外の道場一六〇

との事です。……（『柔道』昭和二四年四月号）

この便りは敗戦後武道は禁止され、逼塞を余儀なくされていた日本柔道界に明るいニュースとして紹介された。『柔道』の編集子は「アメリカに於ける柔道熱の高まっている事は彼我の交渉の多い點から當然とも云へるが、交通の途絶しているとも云へる佛國に於ける右の盛況は、とりもなほさず柔道の世界的スポーツとしての優秀性を裏書きしているのであって、我らの喜び之に優るものはない。（M）」と感激している。

十二月六日酒造之助一家はパリのリヨン駅に着いた。住居が定まるまでの間はホテル・リュテティアに滞在したが、やがてアンドリヴェが住んでいたサン＝クルーの家にしばらく世話になり、一九四九年一月末頃十九区のジェネラル・ブリュネ街の一戸建ての家に移る。

一九四九年一月八日夜、有段者会の本部のあるパリの西端十七区のベルティエ大通りは真っ白い柔道着を着込んだ柔道家であふれていた。みな川石師範に紹介してもらうために精一杯めかし込んできたのだ。フランスの有段者はほとんどすべてが集まっていた。有段者会の会長が会員を代表して歓迎の辞を述べた。

お懐かしい川石師範、
フランス柔道柔術連盟会長殿、
親愛なる道友の皆さん、
ご来場の皆さん、

今日という日は、実に、フランス柔道修行者全員にとって、またとりわけすべての有段者にとって記念すべき日です。それは敬愛する川石七段師範が我々の許にお帰りくださった日だからです。

この嬉しい出来事をそれにふさわしく祝い、我々が人生において手に入れたいと求めてきた最も深い満足を我々に与えてくださった方に、敬意と我々が感じうる限りの喜びを込めてご挨拶するために、今宵我々は大勢で集まったのです。

この挨拶のなかでアンドリヴェは旧師の帰還を得てフランス柔道が一段と進展する喜びと、柔道家それぞれの立場や個性、世代の違いはあっても、川石師範がフランスに根付かせた柔道を受け継ぎ、さらに普及させようと云う共通の目的に邁進する決意を熱い調子で語った。最後に酒造之助に有段者会の会長に就任してくれるように要請して締めくくった。この要請に対しては酒造之助は「私はヨーロッパ柔道連盟を組織するために来たのだから」といってこれを辞退した。さらに今後の方針としては、常に自分と密接な関係を保って稽古に励んでほしいこと、各道場に助言を与えるためにいずれ日本から助手を呼ぶつもりであること、そして段位認定の権限については「すべての段位は私の指示の下に与えられる。茶帯まではそれぞれの教師が与えて良いが、それ以上は私が自ら授与する。柔道柔術連盟に登録していない道場には段位を出すことを認めない」と述べた。また有段者に関しては「教師と愛好家の二つのカテゴリーがある。教師は愛好家にくらべて段位の獲得はより難しくなるだろう。教師のなかにも二つのカテゴリーがある。良い教師と試合に強い者だ。私の意見は嘉納治五郎先生のものと同じで、良い教師も好きだ。良い教師というのは大きな道場を持ちたくさん生徒を抱えている教師のことをいうのではない。有段者を大勢育てる教師のことだ」などと語った。

続いて彼が不在の間昇段できなかった人々に段位が与えられ、ドゥ・エルトゥとボネ=モリ、アンドリヴェ、マレゼの四人が三段になり、ヴェリエが二段になる。　酒造之助は柔道連盟の技術指導の地位についた。

パリの南端十三区、オーギュスト=ブランキ大通り一〇九番地の共済組合の建物に空き室があったので、酒造之助はここを借りてフランス柔道クラブの道場を作った。柔道連盟もこの建物の上の方の空き部屋を借りて、ソムラール街から移ってきた。酒造之助は自分の道場で白帯からの自分の生徒を教えていた。周辺の道場との取り決めで、一度他の道場に入門したことのある生徒は柔道クラブへの登録を認めないことにした。ジャン・ガヤが道場を手伝うことになった。毎週土曜日には特別講習があり、有段者は競ってそこに集まる。こうしてオーギュスト=ブランキ通りはフランス柔道家のメッカとなる。

三月十七日にパリ五区の共済会館で柔道連盟と有段者会の共催で第一回柔道の祭典が開かれた。開演は午後九時。フランスでは楽しみごとは夜に行われる。柔道連盟会長で有段者会の副会長でもあるボネ=モリの挨拶で始まり、乱取りや形の演技、その間に英仏柔道大会に出場する選手の選抜試合がある。その後酒造之助の登場。灰色の絹の着物に白い下着、灰色の羽織、それに白鉢巻を締め黒帯に刀をたばさんだいでたちで現れ身振り手振りを交えながら、相手の力に逆らわずその力を利用しながら技をかける柔道の原理を英語で説明し、ボネ=モリが彼の云いたいことを的確に把握してフランス語に訳した。観衆は酒造之助の実演を大いに楽しんだ。プログラムのなかにはフランス対オランダの国際試合もあった。双方茶帯同士の対戦だったがフランス側が楽勝した。

同じ三月にロンドンで第二回英仏柔道大会が行われた。フランスからはジレ、コキル、ヴェリエ、ピクマル、ボネ

＝モリが出場。ジレはイギリスのスティーヴンソンに対戦して敗れ、ヴェリエもセキネに敗れるが、コキルはチューと戦い引き分けに持ち込んだ。四人目のピクマルとハイドとの対戦は大試合になる。ピクマルが初めにかけた首投げも次の袈裟固めもイギリスの審判は無視した。最後にピクマルは持ち上げ落としでハイドを肩の高さに持ち上げたが、審判が勝ちを宣言するまで相手を放そうとしなかった。五人目のボネ＝モリはモッソンに敗れ、結局一勝三敗一引き分けで、武道会杯はイギリスチームのものになった。しかし審判のえこひいきに憤慨したモッソンは優勝杯を受け取った直後に「勝者は君たちだ」と言ってそれをピクマルに渡した。この武道会杯はその後更衣室で行方不明になるというおまけまでついている。

三　フランス柔道の躍進

フランスで大流行の柔道
パリ娘も大学生も
川石師範の復帰でさらに拍車

一九四九年一月二十八日付けの朝日新聞にこんな見出しが並んだ。ＡＦＰからの特約記事としてフランスでの柔道の隆盛ぶりが紹介され、「現在ジュウドウを習っているものは全フランスで四万五千名、うち五千五百名が修業士の資格をもち、百八十道場のうち七十道場が政府の公認を受けている盛況、ウカウカすると『柔道日本』のお株がとられそう――」というリードで、花の都パリの柔道熱を驚きと嬉しさをもって伝えている。七月三日にもリヨン在住の滝沢敬一からの記事「フランスは日本ばやり　柔道とハリ」と並んで、酒造之助の送った「パリ柔道通信」が同じ朝日新聞に掲載された。当時はまだ新聞社が外国に特派員を置くことができなかったので外国の通信社を利用したり、外国に在住の日本人に記事を送ってもらったりしているのだが、やはりどこか遠い話のように聞こえて、なかなか現実の姿が伝わらない。

この年酒造之助はとにかく忙しかった。彼が不在中にさまざまな問題が山積しており、これを解決するために夜遅くまで道場で仕事をしなければならない。パリ北東にある十九区の家に帰ってくるのはいつも深夜だった。若いときから書き続けてきた日記もこの年だけはどうしても書く暇がなかった。「こんなに働いたことはない、頭が痛くなるほどよく働いた」と自分でも感心するほどだった。道場開設をめぐるトラブルが多く、そのため「既存の道場から五百メートル以内に新規開設してはいけない」という規則を作りその徹底に努める。柔道普及のための催し物、上級者のための講習会の企画、昇級昇段試験など柔道連盟の仕事の外に自分の道場のクラスもある。

酒造之助の精力的な活動で入門者は激増し、子供から女性、青年壮年そして老年まで稽古に通ってくる。「日本ではもう骨が硬くなったから柔道などできんという人が多いが、フランスでは反対で、どうも骨が硬くなったようだから柔道でも始めようかという。そういう人々は一度始めたら絶対にやめない。私の道場にも老人がずいぶん通ってくる」と酒造之助は「パリ柔道通信」で報告している。女性の柔道熱の盛んなことも日本の比ではなく、美容によいとブームになった面もあるが、大部分はもっとまじめにスポーツとしての面白さや日本文化への興味、さらに心身を鍛えるといった目的を持って通ってきており、熱心で長続きする。

六月にフランス選手権大会があり、個人の部ではドゥ・エルトゥが優勝。四三年、四四年、四七年に続いて四度目の優勝であった。この頃の選手権大会の様子を写真で見ると、選手が戦う畳の部分を残してその周りを観客が立ったまま覆いかぶさるように取り囲み、ひしめき合って熱戦に見入る状態だった。後ろの方では試合が見えない。ある白帯の柔道家が連盟の開催する試合や昇段試験の状況について、連盟に苦情の手紙を送ってきた。

①柔道の試合や試験の行われる会場に入るには他人の足を払いのける道具が必要です。それほど会場は込み合ってます。②首尾よく会場に潜り込めた観客にはみな無料の蒸し風呂かサウナが提供されます。③畳の上で何が行われているかをどうにかこうにか見届けることができるのは、観客の三分の一に過ぎません。④満員の客と換気不足のため場内の空気が悪い。道場のような小さな部屋で観客が喫煙するのを許しているなんて、連盟役員及び有段者の方々のやり方に呆れます。これは全然スポーツ精神に合わないし、まして柔道精神にそぐいません。

この頃の畳は初期のコルクの床とは違って、床に枠を作ってそこにおがくずを固く敷き詰め、その上を厚手のシートで覆ったものである。本物の畳の輸入などまだ当分考えられない情勢だった。畳の代用品に関しては昔から苦労してきたが、ごく初期の頃のコルクの床についてボネ＝モリがこんなことを述べている。

タタミの問題は、フェルデンクライスと私の間できわめて真剣な論議の的になった。材料を何にするか。それは必要な長所を備えてなければならないが、何よりも安くなければならなかった。コルクと段ボールで作った我々の、あまり正統的とはいえないタタミは最初は良さそうに見えるのだが、やがて奇妙な特性を現す。しばらくはコルクと段ボールが周りに逃げ出すのを押さえることができない。知らないうちに真ん中部分は固いコンクリートの床だけになっていたものだ。新しい研究が必要になり、シートを何度も何度もはがしたりまたかけたりして、やっと散らかりやすい材料と納得いく妥協を見つけだした。

柔道着も日本の刺子のものはとても手に入らない。フランスでも戦後の物不足からまだ回復していないので、厚手で丈夫な木綿の布地を見つけるのは難しい。そこで柔道着はたいてい道場で貸し出していた。ボルドーではごわごわした木綿地を求めて船の積み荷の袋に目を付けた者もいて、コーヒーの銘柄が背中にでかでかと書かれた柔道着などが現れる。カラーの帯は道場に備えていて、各自自分の色の帯を借りて締めるシステムになっていた。本物が手に入らず、何もかも足りない状態ながら意欲だけは旺盛で、さまざまな工夫をこらして発展して行く時代だった。

九月にはアンティーブで第三回全陸軍柔道選手権大会が行われる。これは一九四七年以来毎年開かれている。

さらにこの年は避暑地での夏期講習会が開かれた。フランスではすでに一九三六年に勤労者は十五日の年次有給休暇が取れることが法律で定められており、その日数がどんどん増えてきた。パリのような都会では、七月後半から八月いっぱいの間に二、三週間はヴァカンスをとり海や山、田舎に出かけるのが市民の常識である。一般の会社はもちろん、八百屋や魚屋、本屋などもみな店を閉め、町は空っぽになる。練習に来る者がいなくなるので、道場も休みにしなければならない。それならば人のいるところに出かければいい、というわけで、スペインとの国境に近い美しい町ビアリッツでの国際柔道講習会を計画したのは酒造之助の慧眼であった。ここは大西洋に面した有名な避暑地で、海水浴場としても知られている。この講習会は八月一日から十五日まで各地の有段者を対象にしたもので、川石先生が直接指導してくれるとあって、フランス国内はもとより、オランダやオーストリアからも参加者があり、大変な盛況であった。期間中は毎日一時間川石先生の指導があり、それ以外の時間はグループに分かれて午前十時から十二時、夕方十七時から十九時が練習時間に当てられる。残りの時間はもちろん自由で、海水浴なり散歩なり好きなように過ごせる。滞在形態もホテルに宿を取っても良いが、家族と一緒に来てキャンプすることもできる。要するに柔道付きのヴァカンスパックというところだ。日本の寒稽古や暑い盛りの暑中稽古などとは全く違って、心地よい場所で安上がりに楽しく汗を流し、柔道も上達しようという一石二鳥も三鳥も狙ったプログラムである。この企画は大成功で、その後毎年行われるようになった。一方初心者や無段者を対象にした講習会は有段者会が主催して、地中海の有名な避暑地ニースで開かれた。こちらも参加者が多くて収拾がつかなくなるほどの盛況であった。都会の道場では先生と生徒のつきあいは短時間でごく浅いものになってしまうが、海浜での練習は先生と生徒、あるいは生徒同士に新しい親しさを作り出した。

酒造之助の多忙な日々に対して、美都子もまた目の回るような毎日を送っていた。マルセイユ港に着いて以来、生後一ヶ月の赤ん坊を抱えて否応なく歓迎の渦に巻き込まれた。夫とともに晴れがましい歓迎会の席に並びながら、異国の婦人達の手で世話されている赤ん坊を案じていた。美都子はフランス語はまったく分からなかったが、日々の暮らしの中から最小限必要な言葉を少しずつ覚えていった。この国では妻は夫と行動することが多いため、人前に出たときは日本の女の誇りをもって、怖じずに堂々としていなければならないと感じていた。しかし食べ物も食べる作法も日本とはずいぶん違う。ホテルの設備は使い勝手も分からないことが多くて、気が疲れる。夫は細かく教えてくれるような人ではないから、夫のすることをよく見て覚えたり、簡単に説明してくれたことから判断して、時には間違えたりしながら少しずつ慣れていった。衣類は着慣れた和服で通していた。京都育ちの美都子にはいちばん身についた楽な服装だし、フランス人がめずらしがって手で触れたがるのもちょっと嬉しい。マルセイユでもそうだったが、パリに着いた時には「花の都」という印象は全くなかった。確かに立派な建物が並んでいるが、石造りで冷たく重々しい。陰気な感じがする。どんよりした冬空の下に街路樹が葉を落として寒々と立っているばかりで、緑が全く見えない。人々も黒っぽい服装で険しい目つきに見えた。

翌年一月に十九区のジェネラル・ブリュネ通りに住まいを定めてからも、その印象は変わらなかった。十九区はパリの北東のはずれにあり、家畜市場や屠殺場がある淋しい地域だった。初めての土地で言葉も習慣も異なる人々のなか、初めての子育てをするのは並大抵の苦労ではない。しかし実のところ、美都子は苦労を感じている暇もなかった。毎日を精一杯暮らすだけである。朝出かけていった酒造之助は夜十時、十一時にならないと戻らないから、家の中のことはすべて自分でやらなければならない。そのうちに、酒造之助の秘書の女性が紹介してくれたおばあさんが子守の手伝いに来てくれることになり、少しは楽になった。則一はいたずらで動きの激しい子供だった。船のなかで生まれたせいか夜昼を取り違え、昼はぐっすり眠り夜に起きだして騒ぐ。疲れて帰ってくる酒造之助は「眠れない」と文句を言った。昼間にできるだけ運動させれば夜は疲れて眠るだろうというので、おばあさんが近くのビュット・ショーモン公園に連れていってくれた。酒造之助は休日の土曜、日曜には子供の相手をしてくれることもあるが、やはり疲れているようなので、家ではとにかくくつろいでもらえるように気を配った。酒造之助は家には一切仕事は持ち込まない方針だったので、どんな仕事をしているのか、仕事の進み具合がどうなっているのかなど何も分からなかったが、五十歳になった体に柔道の仕事がきついことは察しがついた。
緑が萌え出す季節になるとさすがに町は美しく見えた。人々の顔も明るく親しげに感じられるようになったのは、自分がこの町になじんできたためだろうか。春も、夏も、秋も、夫は仕事に忙殺されていた。来年は日記をつける暇ぐらいはできるかしら、と美都子は案じた。母となっての一年、フランスに来てからの一年が慌ただしく過ぎていった。

一九五〇年一月二十二日第三回目の英仏柔道大会が初めてドーヴァー海峡を越えてパリで行われた。この様子は酒造之助の筆で日本にも伝えられた。

川石七段パリ通信
柔道にわく欧州　英佛国際試合の熱戦
終戦後ジュウドウの中心は日本よりもむしろヨーロッパに移ってフランスだけでも六万の修行者を出す盛況だが、パリにあって柔道指南を続けている川石酒造之助七段から、五日朝日新聞大阪本社への通信によると、去月二十二日パリで柔道の英佛国際試合が行われ、わずかに十五年の柔道史を持つフランスが四十年の伝統を誇るイギリスを破り、フランス国内はもちろん全欧州はわきかえった――
英国ＢＢＣ、パリ放送局は欧州最高の国際柔道戦であると放送して非常な人気を呼び、前売り券もたちまち売り切れる始末、遠くオランダ、ベルギー、スイスなどからも見物が押しかけた。試合は日系英人関根三段もイギリス側選手として出場、六尺あまりの各選手に混じって熱戦を展開。

第一戦英モリス二段対佛ヴェリエ二段（引き分け）、第二戦英スチブンソン二段対佛ベロオ二段（小内刈りで佛の勝ち）、第三戦英関根三段対佛コオキル二段（引き分け）、第四戦英グラント三段対佛ピケマル三段（引き分け）、第五戦英主将コエルト三段対佛ドゥ・エルトゥ三段（引き分け）。結局一勝四引き分けでついにフランスが勝った。フランス選手は抱き合って喜びにあふれ、全観衆も総立ちとなって歓呼を送った。ラジオは実況放送で全欧州にフランス柔道の勝利を伝えた。（『朝日新聞』一九五〇年二月六日付）

勝利はフランスに帰したが、内容はいろいろ問題があった。フランスのブローがスティーヴンスンに小内刈で一ポイント上げた以外はみな引き分けになった。これは勝敗にこだわり、勝つことよりも負けまいとして四つん這いになってがんばり、相手に技をかけさせないという試合運びが多くなったためで、柔道家の間で論議を呼んだ。国際試合が増えてくるに従ってこの傾向はこの後ますます顕著になり、柔道の質が変わっていく。

フランスで柔道が盛んになり技術が進んで来るにつれて、柔道家の間で柔道に対する考え方の違いがはっきりしてくる。大きく分けて二つの傾向があった。一方に、柔道は一つの芸術であり人間の知的肉体的発達に有用な種目であると考えるグループがあり、彼等は動きの美しさを重視した。他方に、技の研究や柔道の究極目標のことなど考えず、一般の興味を引きつけて柔道がますます発展する道を考えるグループがいた。これらの考え方が時にはさらに細かく分裂し、時には統合の方向に向かったりしながらフランスの柔道は発展していく。

四　粟津正蔵を迎えて

この年五月例年のようにフランス選手権大会が開かれた。今回は個人戦は六月になり、五月は団体戦と、初めての試みとして女子柔道の個人戦が行われた。

講道館では一九二六年（大正十五年）に女子部が創設され一九三三年には初の女子初段が生まれたが、女子柔道は形や乱取りの練習のみで試合は禁止されていた。「女子にとっての柔道は健康、躾《しつけ》、護身術」というのが嘉納治五郎の方針であり、その後も踏襲されてきた。したがってこの女子トーナメント戦の冒頭の挨拶で酒造之助が述べた通り、これは「世界で最初であり、柔道の本家である日本でさえ開催されたことがない」意欲的な実験であった。試合はオレンジ帯以上の女子柔道家を対象として予選を行い、出場選手を十六人にしぼった上で、第一回戦、二回戦、準決勝が行われ、そしてアジソン夫人（青帯）対ルヴァニエ夫人（茶帯）との間で決勝戦になった。ルヴァニエ夫人が強力な小内刈で攻めるのを、アジソン夫人はよく持ちこたえて反撃の機会を待つ。互いに効果的な出足払を掛けあってなかなか決まらないが、そのうちに機をつかんでアジソン夫人が半ポイントを獲得して優勝する。

女子選手達はこれまで互いに練習する機会がなくたこつぼの中にいたようなものだから、他の人の実力が分からなくて互いに呼吸が合わず、失望するような結果になる恐れもたぶんにあった。第一回戦では、柔道着の着崩れを気にしたり髪の乱れを直したりとさまざまな試合中断があったが、川石師範はにこやかに冷静に対応した。全体としてこの試みは成功し評判は良かったが、試合の報告書によるとこの試みに男性の柔道専門家は大いに困惑するところがあったようで、結局その後は続けられなかった。

七月五日の早朝、マルセイユの港に新造客船ラ・マルセイエーズ号が接岸した。埠頭には川石酒造之助を初め柔道界の主だったメンバーが待ち受けていた。酒造之助の助手になる粟津正蔵六段が日本から着いたのだ。タラップが降ろされると、待ちかねた酒造之助は船に駆け上がって迎えにいった。

酒造之助は再渡仏する前に、かつて姫路中学で柔道の指導を受けた栗原民雄九段に相談して、フランスで自分の片腕として働いてくれる若者を推薦してもらった。京都の武道専門学校の教師をしていた栗原は、一九四八年、四九年に全日本柔道選手権大会に京都の代表として出場した粟津正蔵を思い浮かべた。この若者は一九二三年京都府の山科に生まれ、十歳から日本武徳会で柔道を始め、十三歳で初段をとる。京都一商時代にその柔道部の黄金時代を支えた一人であった。その後立命館大学専門部に進んで、ここでも活躍。社会人になってからも全日本選手権に出場し、一九四九年には準決勝にまで進出した実績を持つ。栗原からフランス行きの勧めを受けたとき粟津は新婚そうそうであったが、戦後の日本ではまだ柔道が禁じられていたので、柔道を活かして働く道を求めて単身渡仏を決意する。期間は一年のつもりであった。一九四九年に出発するはずだったのになかなかヴィザが下りず、一年待たされる。それに朝鮮戦争が起きる直前だったので、不穏な形勢にある朝鮮半島を離れてヨーロッパに帰国する者が多く、ラ・マルセイエーズ号は満員であった。そのため粟津は一般客室がとれず、四等船室での船旅を余儀なくされた。同じ船で作家の遠藤周作が戦後初の留学生としてフランスに渡った。後に遠藤は年譜にこう書いている。

昭和二十五年（一九五〇）七月、留学生として仏蘭西《フランス》現代カトリック文学の勉強のため、仏国船マルセイエーズ号の四等船客として渡欧した。留学といえば聞こえはいいが荷物を入れる船艙《せんそう》に寝起きする旅行であった。

（……）

初めのうちは食事も提供されず、厨房へ行って自分で探して食べなければならなかった。また船艙は、船が港に着くたびに上から荷物が降ってくる蒸し暑く暗い穴蔵だった。じっとしていては体力が消耗するばかりなので、粟津は船長から特別の許可を得て、一等甲板を走り回って体を鍛えた。それでも旅の後半は天候が悪くてひどく船が揺れ、体調を崩し食事も満足に喉を通らなくなる。六月七日に神戸を出港して以来、長く苦しい一ヶ月の船旅であった。

興味津々で待ち受けていたフランスの柔道家の前に姿を見せたのは、がっちりした体つきにおずおずとした微笑みを浮かべた純朴そうな若者で、控えめな人柄を思わせた。しかし、彼が日本を出発する前の壮行会で五段三人、四段三人、三段四人の十人を相手にして、全員を五分三十秒で屠ったという噂は、彼自身より一足先に上陸していた。

午前十時半に柔道関係者は皆ブリストル・ホテルのサロンに集まった。粟津がフランスに着いた喜びと、フランス柔道に尽くす決意を日本語で語り、酒造之助がそれを英語に訳し、さらにそれをボネ＝モリとアンドリヴェがフランス語にして皆に伝えた。夜はマルセイユの市長とスポーツ局局長の主催でマルセイユのジャーナリスト関係者全員にお祝いの酒が振る舞われ、その後皆でマルセイユの有段者カレガの家に集まって賑やかな夜食となった。翌日正午に粟津は酒造之助とラジオのインタビューを受ける。夜は粟津歓迎の柔道大会が開かれ、ブーシュ・デュ・ローヌ県の県知事やマルセイユ市長、民間及び軍隊関係のお歴々を初め柔道家、そして一般市民達が観戦し盛会だった。ボネ＝モリの挨拶に続いて形の演技や護身術、ビルンボームやゼンの七人掛けなどがあり、盛りだくさんのプログラムの最後が粟津の登場だった。初めの予定では十人の相手と対戦するはずであったが、急遽十四人掛けになる。ドゥロランは払腰で、タルキニは跳腰、デュフールは大外刈、ジュールダンは出足払、モルガンが跳腰、クジーヌは払腰、マルーが大外刈、デュノワイエは大外巻込、アゼマが小内刈、ヴィヌーは大外刈、ボゲールは大外巻込、と十一人までが五分三十秒で次々と投げ飛ばされた。しかし十二番目のウダールが右の膝車で粟津を破り、試合を止めた。ゼンとビルンボームは粟津と手合わせすることなく終わった。長旅の疲れと環境の激変のため、この日本から来た若い柔道家が実力を充分に出し切れなかったことは誰の目にも明らかだった。粟津にとって外国人との初めての対戦である。技はちっとも怖くはないが、彼等の長い腕に気をつけなければならないという印象を持った。

マルセイユに二日滞在し、リヨンにも同じく二日いて幾つかの道場を見学し、パリに着いたのは七月九日であった。パリでは酒造之助の家に同居し、オーギュスト=ブランキ通りの柔道クラブに通うことになる。

十一月十七日、パリの水にも慣れてきた粟津を迎えて、パリのスポーツ会館で柔道祭が催された。粟津と対戦して勝った者は昇段が認められるとラジオが宣伝し、新聞は数日前から試合の話題で持ちきりだった。この頃日本ペンクラブの一行がヨーロッパを訪れていて、酒造之助はこのメンバーをパリで歓待した。その中に演出家の北村喜八や酒造之助と同郷の作家阿部知二がいた。彼等は柔道祭のレポートを残している。

柔道祭の行われる「スポーツ館」は、セーヌ河畔、エッフェル塔にちかいグルニィユ通りにある。自転車競争を行ったり拳闘の試合をしたりするところだが、優に二、三万人は収容できる大会堂である。

十七日の夜、私も招かれて見物に行った。柔道の試合をこういう大きな場所で公開するのは今年が初めてだぞうで、今夜の成否は柔道の将来にたいする試金石になるわけである。入場料は最低一五〇フランから最高一五〇〇フランまでである（一フランは一円強）。パリでは芝居もそうだが、こういう催し物は夜の九時開場というのが普通で、日本にくらべると大変に遅い。会場の前には大勢の人がひしめき合っていたので、今夜の成功が予想されたが、案の定、定刻頃にはこの大会場がほとんど満員になってしまった。大成功である。パリで日本の柔道がこんなに関心を呼びうるのかと思って、いささか驚いた。

会場の中央に一段高く四角な壇がしつらえてあり、その上部には簡単な屋根があって、そこから強烈な照明の光が降り注いでいる。拳闘などもここでやるのである。開会と同時に観客席を照らす電燈が徐々に消えて、客席が薄暗くなるので、試合の場所はくっきりと明るく浮かびあがってくる。（北村喜八「パリの柔道」『サンデー毎日』昭和二五年十一月二十六日号）

という舞台装置で始まる。これまで柔道の試合といえば柔道クラブの道場か、せいぜい共済会館の小さな部屋で行われたので、よく見えないとか換気が悪いという前出のような苦情が出た。そこで今回は思い切って大きな会場に変えたのだが、関係者もふたを開けてみるまでその成功に確信が持てなかった。しかし開いてみると大入り満員で、前日同じ会場で行われた拳闘の試合よりも客が多かったとパリの新聞も驚いた。

どこの國も同じことで、早く始めろ、というような呼び聲もなかなか賑やかだが、前記ボネ・モリ博士が、柔道着すがたでマイクに向かって挨拶すると、場内は品よくしんと静まる。プログラムはもちろん粟津君の十人抜きが最後のよびものだが、それまでにもなかなか盛り沢山である。川石氏がフランスの有段者や粟津君を相手に、基本から高度へのさまざまの型をしめすというのもある。女同志の勇ましい試合もある。六つほどの坊やが大人を相手になげるというほほえましい型のデモンストレイションもあり、無段者や有段者の、激しい試合もある。ピストルや刀を持っての襲撃を防ぐ、という川石氏のデモンストレイションもある。餘興としては、街の與太者のむれにおそわれた青年が、悠々として彼等を投げとばして愛人からほめられる、という、寸劇めいたものもある。すべて柔道というものが、異国の人々の中に根をおろし愛好されるようにとの、苦心のあらわれである。(阿部知二「フランスの柔道熱」『キング』昭和二六年二月号)

第一部の昇段試験と形の演技が終わると、第二部は粟津の十人掛けとなる。酒造之助が選んだフランスで最強の十人を相手に、一人二分の一本勝負である。皮切りのルヴァニエは大外刈のあと捨身を掛けられ十秒ほどで投げ出される。マルテルは粟津得意の寝技にもちこまれ手も足もでなかった。ブローは払腰で三十秒、ヴェリエは腰技で果敢に攻めていったがまるで壁に向かっているようだった。ルセルは巴投を試みたが掛からず、起きあがったところを大外刈で倒される。コキルは冒頭から気力十分に得意の内股を掛け、粟津はちょっとよろめくが素早くコキルのバランスを欠いた態勢をつく。場外となり、また組み直す。再びコキルが内股を掛けると粟津はみごとに返して左の背負投で決める。鮮やかな一本勝ちだった。ペルティエは腰技か肩を使った技を掛けようとしたがどれもうまくゆかず、大外刈で敗れる。ラグレーヌも肩を使い、それから内股を試みるが、固技で攻められ「参った」となる。続いてゼンも血気盛んに組み合うが、たちまち寝技に持ち込まれて押さえ込まれ、絞技を掛けられて床を叩いた。十人目のドゥ・エルトゥが舞台に上がる。観衆はフランスのチャンピオンに熱い期待を寄せたが、彼の戦いぶりは他の九人とは違っていた。なんとしてでも寝技を避け、掛けられそうになったら必死になってこらえる。場外ぎりぎりのところにできるだけがんばっていて時間を稼ぎ、激しい動きになってもひたすら防御の構えに徹する。栗津が留めを刺そうするのを絞技のようなものに足固を加えて抵抗し、制限時間の二分をしのいで引き分けにもちこんだ。しかし観衆は試合内容から粟津の勝ちという印象をもった。翌日の新聞は「体重六六キロの日本人が七三二キロを破る」とか「六六キロが五七五秒で相手をすべて倒した」と書き立てた。

フランス柔道のレベルの高さがヨーロッパの他の国々でも認められ、連盟は川石メトードを教える教師の派遣を要請されたり、さまざまな困難な問題に対してアドヴァイスを求められることが多くなってきた。そこで国際的に大きな役割を果たすためには組織に入っている方がいいと判断して、この年十一月にヨーロッパ柔道連合への加盟を決めた。加盟国は十一カ国になった。

粟津を迎えて酒造之助の道場は一段と活気づいた。一般の人の練習時間は一時間ずつ週二回、それぞれ月・木か火・金のいずれかの曜日の組み合わせで夕方五時から八時までの間の都合の良い時間を選ぶ。火曜日と金曜日には午前中も十一時から十二時までのクラスがあり、会社の社長や医者、弁護士など時間と金に余裕のある人達がやってきた。水曜日と土曜日は午後二時半から四時までの各一時間半が有段者指導のクラスとなっていた。有段者の練習の時間には、パリにいる有段者はほとんどすべて顔を出し五、六十名になった。

一九五〇年末ボネ=モリは連盟の機関誌にこの年の活動を総括した中で「フランス柔道は三本の柱によって支えられている。物理学者が知っているようにこれは最も安定した構造だ。三本の柱というのは連盟の理事会と有段者会、それに技術指導部である。これらの三つの組織は各自の仕事があるが、互いに補完しあい、重要な案件はすべて共同で検討し結論を出す。委員会開催の合間には、この三つの機構の 代表であるボネ=モリとアンドリヴェ、川石の三人が少なくとも週に一度柔道クラブの道場に集まって、有段者達の練習後、彼等のいるところで現在の問題点を片づけたり、当事者達と友好的な雰囲気の中で話し合いをする」と述べている。三つの組織は同一の場所、パリ十三区オーギュスト=ブランキ通り一〇九番地にあった。

十二月十日から十七日まで酒造之助と粟津は有段者数名を連れてベルギーとオランダに柔道の指導と親善のための旅をした。これらの国には二年前からドゥ・エルトゥが指導に行っている。ブリュッセルでの柔道フェスティヴァルの日に、この町のシンボルである有名な「小便小僧」の裸の像に酒造之助が柔道着と黒帯を送り、このニュースは日本の新聞にも紹介された。一行の人気は高く、行く先々でカメラマンやジャーナリスト、ルポライターに取り囲まれたが、ある時粟津は突然若い女性に抱きつかれ、頬にキスをされた。鮮やかに残ったキスマーク。茫然とし、それから真っ赤になって頬を拭う粟津の姿をアンドリヴェが連盟の機関誌に面白く伝えている。またオランダ国境を通る際にパスポートを忘れてきた者がいた。トラブルになった時、柔道家ということで通過が許された。裏にオランダの柔道連盟の働きかけがあったためで、フランス柔道への期待を物語るものとして、フランスの柔道家達は感激する。

ドゥ・エルトゥはオランダで緑帯ながらなかなか有望そうな少年に目をつけていた。ひょろひょろと背が高く内気な男の子だが素直な性格で、うまく指導すれば大成しそうな感じがあった。この少年をフランスに帰化させてフランスの選手にするようにドゥ・エルトゥは連盟の役員達に働きかけたが、誰もこの話を真面目には受け取らなかった。これが後に柔道世界一の座をはじめて日本から奪うことになるヘーシンクの若き日の姿である。

フランス柔道柔術連盟と有段者会共同の機関誌『Ｊｕｄｏ』が一九五〇年一月に創刊された。Ａ五判よりすこし大きめで三十ページ少々というささやかな雑誌である。表紙の中央に縦にＪｕｄｏと墨色でタイトルが入り、その下に描かれた桜の花と枝葉をあしらったメダル状の紋様も緑色と黒で、あっさりと控えめな感じがする。これは有段者会の徽章で「花は桜木　人は武士」の心意気なのだ。発行責任者はピエール・マルテル、一九四五年三月に初段を取ったフランス柔道草創期を支えた一人である。

雑誌の内容は連盟や有段者会の方針、行事についての連絡や報告、柔道の技についての解説、日本文化や柔道の本質についての論文など幅広く、柔道家たちの主要な関心事を扱った。この雑誌の論調を見ていると、それぞれの時期に柔道家達が何を考えてどう行動していたかよく分かる。この雑誌から幾つかの記事を眺めて見よう。

二号にジャン＝リュシアン・ジャザランが「教師と生徒か、それとも師と弟子か？」と題する大論文を書いた。一九四九年一月に黒帯をもらったジャザランは実業家であると同時に、禅や武士道にも深い関心をもつ哲学者で「柔道精神の伝道者」とも呼ばれた。この論文の中で彼は次のような主旨を述べている。

多くの者にとって柔道はまず、いくらかの技を習いよく練習してこれを自分のものにするという点でスポーツに見える。しばらく練習すると、これらの技術が思っていたよりも遥かに微妙なものであることに気づき、柔道は芸術に近いことが分かる。さらに練習を重ねると、この芸術をよく感じ理解し訓練するためには、感情の制御と精神集中が要求されることを知る。さらにいっそう深く学べば、筋肉と神経、感情、思考の相互の繋がりは、我々の内と外に展開する諸現象の相関関係を明瞭に深くつかむ、という一点にかかっていることがはっきりしてくる。この最後の段階は芸術や技というよりも哲学に近い。(……)

柔道を習うときにはなにがしかの儀式が伴い、これが柔道の門外漢や初心者を驚かせる。品位のある態度、無駄口を慎むこと、厳格な礼儀作法を守ることなどこれら全体が柔道教授に分かち難く結びついている。この環境が芸術や技術を遥かに越えた能力を開発するのに必要なのである。「道場」とは人が深い内部からの変革を受ける場所なのだ。(……)帯の色による生徒間の階級の違いは単に彼等の技術や知識や才能の違いを表しているだけでなく、ある成熟を表しているのだが、それは門外漢や初心者には見えず、よく鍛えられた者の目にのみはっきりと識別できる。(……)このような指導を与えることができる教師とはどんな人間でなければならないか?単に有段者というだけではなく、黒帯を締めるようになるまでの長い間の修行で、精神的にも望ましい状態に近づいた人間である。柔道とは肉体と精神とを調和よく向上させる全的な鍛錬法である。(……)

柔道について何を知っているか、何ができるか、が大切なのではない。重要なのは柔道によって自分がどれだけ変わったか、ということだ。柔道は知識の技ではなく自己変革の技なのだ。柔道による自己変革はそれにかけた修行時間の長さに応ずる。先輩、後輩の序列は単に外観的なことではないのだ。(後略)

スポーツの世界における師弟間、先輩後輩間の序列はきわめて日本的な考え方で、フランス人には理解しにくいものがある。ところが柔道ではこのヒエラルキーが精神的な基盤の一つをなしている。これをなんとかフランス人に理解させようとしてジャザランはこの文章を書いた。「師と弟子の間には緊密な順応がある。両者の性格や文化的背景の相異はこの親密な結びつきによってのみ埋まるものだが、そこに批判が生じて信頼が壊れると、たちまちこの親密な関係は失われる」と言い、柔道では師に対するこの信頼感、親しみ、愛情は甘ったるい感情表現をとるのではなく「尊敬」という形をとる、と説く。そして尊敬のないところに柔道はなく、教育も自己変革もない。それでは師に、あるいは先輩に盲目的に従えというのか？ 批判精神旺盛なフランス人から必ず出る問いかけであろう。これに対してはジャザランはこう答える。「もちろんそこまでやるべきではない。しかし我々の批判能力や気短さにブレーキを掛けておくのだ。憂うべきことは批判が欠如していることではなく、批判能力の過剰である」と。そして「我々が師に対して過剰な批判を向けるようになった時は、師が師であることをやめる時だ。我々が弟子ではなくなったのだからら」という。

フランスの柔道が酒造之助を中心にしたごく少数の人間によって行われていた時代から、爆発的に発展する時期にさしかかってきて、柔道家の要求の質も変わっていく。その発展のきしみを先取りしたような論文である。

五号にはフランスの東部、スイスとの国境に近いオート・サヴォア県のトノン＝レ＝バンで七月十五日から八月一日まで開催される有段者会主催の一般人対象の柔道研修のお知らせが載っている。前年に引き続いて二回目の行事である。

練習：日曜を除き毎日午前九時三十分～十一時三十分と夕方十七時三十分～十九時三十分。茶帯の者で次回の昇段試験を受ける予定者には特別講座がある。指導はペルティエ三段、ルセル二段、ヴァレ二段、マルテル二段。

試験：研修の期間中に昇級のための試験と試合が予定されている。研修主催者は茶帯までの昇級認定の権限を川石師範より与えられている。

宿泊方法：

キャンピング　レマン湖畔で練習場に至近のキャンプ場に専用地を確保している。使用料は一人一日二十フラン。

ホテル宿泊　ボー・サイト・ホテルに二～三人用の部屋あり。二十名程度まで。ダブルベッド一泊四五〇フラン、ツインベッド五〇〇フラン、三ベッド五七五フラン　以上にサービス税二〇パーセント。

申し込み手続き：申し込み料二〇〇〇フランは為替で直接下記へ送ること。云々。

もう少し後になるが、一九五二年九月号に当時の連盟事務局長マルスランが「柔道はスポーツか？」と題する一文を載せている。このテーマはどこの国でも柔道発展の段階で必ず論議される問題であり、この年ヨーロッパ柔道連盟の総会で決議された体重別制と密接に関係している。マルスランは次のように言う。

柔道はスポーツか？　という問いに世界中の柔道家が揺れている。フランスではどうか。三つの流れがある。第一は伝統主義者で、柔道精神を初期のままに残しておきたいと考えている。第二に中道派で、これは過去と断絶することなく発展を求めて行こうとするもので、連盟はこれに属する。第三は革新派で少数だが、アジア風の古い着物を脱がせ柔道を国際的なスポーツにしようとする。

柔道は日本では嘉納治五郎、イギリスでは小泉軍治、そしてフランスでは川石師範というそれぞれの国柄にあった性格の指導者を得て、それぞれの発展を見てきた。フランスでは、第二次世界大戦まではジウジツクラブから生まれた小さなグループが先生の教えを忠実に守ってやってきたが、やがてそこから川石氏のことは先輩の話を通じてしか知らない有段者が大勢生まれてきた。先輩達も若すぎて真の指導者にはなれず、これまでの教えはしだいに消えて行く。

現在の柔道は強くて活気があるが、そのために精神的柔道とか本物の柔道というものが失われてきた。しかし、およそ柔道家という名に値する柔道家なら誰でも、あらゆる議論を越えて、すべての柔道家の友人になることができるのは、まさにこの精神的柔道、真の柔道を通してなのだ。組織化され、互いに排斥し合う有段者の徒党は精神的柔道の欠如をはっきりと示している。

今や前進を止めて、散り散りになった群れを集めるときであると思う。そのためには議論をやめ、友情に立ち返り、もっと柔道をすることが唯一の方法だ。(……)

我々フランスの柔道家のとるべき態度は要約すれば次のように言うことができるだろう。柔道はスポーツだが、それはまたスポーツ以上のもので、道徳的な潔癖さ、沈着冷静さ、心の均衡を備えた一つの生き方にならなければいけない。もしこの考えが勝利を得るのを望むなら、もはや時を無駄にすべきではない。やる気を結集すべきだ。連盟と有段者会の総会を開いて、はっきりした方針を打ち出し、理事会はそれに従って行動すべきである。

五　講道館館長一行の来仏

一九五一年はフランス柔道が国際的に一段と活躍した年である。

三月半ばアルジェリアの柔道大会にフランスの柔道家とともに酒造之助と粟津も出席し、形や模範演武、粟津の十五人掛などで首都アルジェの人々に強い印象を与えた。川石杯をめぐってアルジェリアの柔道家達の間で力闘が繰り広げられ、まだ有段者のいないこの国にとって大きな刺激になった。アルジェリアはフランス柔道連盟が海外で最初に道場を開いたところで、一九四七年にドゥ・エルトゥの弟子であるボノットを派遣し、ピクマルの弟子であるエメ・エティエンヌも道場をもち、この地の柔道振興に努めた。モロッコには一九四八年に最初の道場ができ、一九五一年に酒造之助がアルジェリア訪問の折に立ち寄ったときには道場の数は十ヶ所にもなっていた。地中海を挟んでフランスの対岸である北アフリカはフランスの植民地だったので、フランスとの交流が盛んであった。また戦後の世相が落ち着いてきて、学生や若い有段者などが国外に旅行するようになると、旅先で柔道を広める場合もでてくる。川石メトードは初心者に柔道を手ほどきするのに効果のある方式であり、教える方にもやりやすいシステムであった。「イギリスの柔道家はフランスより三十年も昔から柔道をしているのに、彼等はそれを国外に広めようとはしなかった」という言葉をフランスの柔道家がよく口にする。イギリス柔道の基礎を築いた小泉軍治の人柄にもよるが、イギリスの柔道家達が普及しやすい方式を持っていなかったことも大いに関係がある。

三月十九日ロンドンのアルバート・ホールで第四回英仏柔道大会が行われた。フランス側のマレ、コロンジュ、ルセル、ヴェリエ、ドゥ・エルトゥの五選手、イギリスはチュー、ブロス、グリーソン、カワート、セキネで対戦し一勝一敗三引き分けながら、ポイントの差でフランスが勝った。

『大阪朝日新聞』は一月に「ヨーロッパ柔道通信」を載せている。ヨーロッパの柔道事情について酒造之助に問い合わせたところ、酒造之助とボネ＝モリから詳細な報告が送られてきたのだった。フランス柔道連盟の調査部で作った『国際柔道年鑑』によると「フランスには全国の道場数二百、柔道修行者七万五千名。有段者は三段を最高に二百八名。軍隊、警察、学校、工場などの道場を加えるとさらに膨大になる。フランス共産党も最近柔道部を作った由。西独は再軍備問題のやかましい折から柔道熱はだんだんさかんになっている。道場三十二、修行者約三千。ベルギーでは道場三十三、修行者約千二百。オランダとともに川石師範の門弟、ドヘアト（ドゥ・エルトゥ）三段（佛人）が毎週出張教授している。オランダは道場四十五、修行者約四千。ドヘアト三段の指導で発展を続けているが、三、四級のものが道場を開くといったレベルの低い町もある。イギリスには道場三十五、修行者約二千、有段者七十五。ヨーロッパでは最も古い四十年の柔道史を持っている。スイスは英国につぐ二十五年の古い歴史があるが、道場は八、修行者約五百。スペインはマドリッド政府から川石師範にたいして柔道普及の要請があり、道場開設の準備中。近くマドリッドで有段者の模範試合がおこなわれる」という状況である。

ヨーロッパ柔道連合はアルゼンチンからの加盟申請を受けて、七月に開かれた総会で国際柔道連盟として組織替えする事を決定した。会長はヨーロッパ柔道連合の会長であるイタリアのアルド・トルティ氏がそのまま座ることとなっていた。しかし、この案にフランスは賛成せず、日本を加えて真に世界的規模の統一された柔道連盟を組織しようと考え、この年の春から講道館に働きかけてきた。

講道館館長殿

フランスに於ける柔道修行者の名に於いて、日本の柔道の諸先生及び友人諸氏に敬意を表し、一九五一年に於ける世界の柔道の輝かしき発展を祈願し、柔道精神に基づく国際友誼の向上を期待いたします。

我が連盟は日本に於ける柔道の諸先生と常時密接なる接触を心から希望いたします。この目的のため、講道館館長として貴台、及びそのご選定による専門家一名ご同伴の上、ご渡欧あらんことをお願い申しあげます。ご渡欧の期日は一九五一年の然るべき機会をお選びください。当方の希望する如くこの招待をお受けくださるならば、フランス柔道連盟は貴台及び専門家のご渡欧に関する費用を負担いたし、当国政府並びに東京駐在佛国ミッションに対し所要の手段を講じ、かつ旅券の入手についても尽力いたします。

尚栗原氏に対しましても同様の招待をご伝言頂ければ幸甚に存じます。同氏へのこの招待はフランス柔道連盟に於いて、川石及び粟津両氏がその先生に対し敬意を払うために希望されたものです。佛国黒帯選手権大会は一九五一年四月九日に行われる予定なることをお知らせ申し上げ、貴台に於いて親しく佛国柔道の現在の発展状況をご視察願えれば結構に存じます。当方の最高の敬意を表して、

佛国柔道柔術連盟会長　ボネ＝モリ

この招待に対して講道館館長は「まだはっきりした返事ができる段階ではないのでもう少し待ってほしい」と返事を書いた。ヨーロッパ柔道界の活発な動きを日本では十分に把握できず、講道館は国内の、目の前に山積した難問を

片づけるのに精一杯という状態だった。

一九四五年の敗戦後、占領軍は柔道が軍国主義日本の精神的バックボーンになっていたと考え、学校柔道の活動は一切禁止とした。大日本武徳会は解散を命じられた。「武道」という言葉は禁句になり、講道館も閑古鳥の鳴く淋しさであった。第二代講道館館長南郷次郎は辞任し、嘉納治五郎の次男の履正が第三代講道館館長に就任する。履正は明治三十三年（一九〇〇年）東京生まれで、大正十二年（一九二三年）国学院大学文学部国文科を卒業し宮内庁に入省、皇室史編纂に参画する。昭和二十年（一九四五年）宮内庁を退職し、翌年講道館館長に就任した。彼は六歳の時に柔道を始めたが健康上の理由から十六歳で柔道をやめた。敗戦直後の虚脱状態を脱すると、柔道復興への努力が始まった。一九四六年にまず警察の柔道関係者が動きだし、ぼつぼつ試合が行われるようになる。地方でも柔道連盟結成の気運が高まり、一九四八年戦後初の全日本柔道選手権大会が開かれた。学校柔道を復活させるために、関係者が「柔道は武道ではなくスポーツである」と強調して文部省を通して占領軍に働きかけた結果、一九五〇年柔道が学校に於ける体育の種目として認められることになる。またその前年には、これまであった柔道有段者会が発展的に解消して全日本柔道連盟に生まれ変わって、これが国民体育協会加盟団体となり、その結果柔道は一九五〇年から国民体育大会の正式種目になった。

（……）日本の柔道人が戦中戦後の約十年間、自由にのびのびと柔道がやれる日を想い續けた空白の時代に、はるか欧洲では燎原の火のように「ニッポン製ジュウドー」が普及し、急速に柔道熱が高まっていた。このことの實相は本家の講道館でもあまり分からなかったのである。

昭和二十五年頃、國内一丸の態勢を固め終わったわが柔道界は、はじめて眼を海外に向ける餘裕を持ったが、その時には既に日本の柔道は世界の柔道へと大きく擴がっていた。言葉をかえると、國内の柔道はすべて國際的な關連なしには考えられない状態となっていたのである。「これはいかぬ」と二十六年十一月、嘉納講道館長がみずから歐米九カ國に乗り込んで事態を収拾したが、一行は海外柔道の豫想外の発展に目を見張ったものである。(松本芳三「日本柔道危し」『文藝春秋』昭和三一年五月号)

ボネ=モリを初めとするフランス柔道連盟の働きかけが功を奏し、国際柔道連盟は一九五一年十二月五、六の両日第一回ヨーロッパ柔道選手権大会をパリで開くことに決定し、イギリス、イタリア、西ドイツ、スイス、オーストリア、オランダ、ベルギーそれにフランスの八カ国が参加を表明した。

十一月にヨーロッパ選手権大会の出場選手選抜試合を開いた頃から、パリは柔道熱に浮かされているように見えた。新聞、ラジオ、テレビ、映画などのメディアは一斉に柔道について報じ、フランスの選手、各地の道場、柔道の精神性などを話題にする。市内のいたるところで道場の広告が目に付き、乱取りもようのネクタイまで出回る始末。このような異常人気の中、各国選手を迎えるホスト役としてフランスチームは必勝を期し、酒造之助の指導の下これまでにない激しい練習を続けた。

フランス柔道連盟の招待に応じて、講道館から館長嘉納履正、国際部部長田代重徳六段、講道館教授松本芳三七段、その年の日本選手権保持者醍醐敏郎六段、それに酒造之助の個人的招待を受けて、彼の先輩であり師でもある元武道専門学校教授で当時京都警察の柔道師範であった栗原民雄九段の五人が十二月一日空路パリ入りした。田代は当時五十五歳、元外交官でスイス、イタリア、中国、仏領インドシナなどを歩いてきた。松本は東京高等師範の体育科を卒業後、心理学を学び、母校と講道館で柔道を教えている。三十七歳。醍醐は千葉県出身の二十五歳。身長一・七六メートル、体重九五・六キロという堂々たる体躯だが浅黒い顔は物静かでさえある。栗原は五十六歳、武道専門学校出で大正十一年（一九二二年）天覧試合で優勝したことがある。母校の教授をし、退職後は三高や京都府警、京都大学、立命館大学などで柔道を教えていた。一行はフランス柔道連盟の手厚い歓迎を受け、各種のレセプションや市内見物など忙しい日々を過ごし、五日の大会初日を迎えた。柔道の代表者達を日本から迎えて、フランス柔道人達の喜びと緊張は大きく、連盟の機関誌にはこんな注意が載った。

十二月五日水曜日十四時三十分、パリ十三区オーギュスト＝ブランキ通り一〇九番地の連盟の道場にて、日本の五人の専門家がフランスの有段者達に紹介される。必ず清潔な柔道着を着用のこと。

大会はスポーツ会館で夜八時三十分から始まる。長い挨拶のあと醍醐と栗原が極《きめ》の形を、次いで松本と栗原が五《いつつ》の形、古式の形を披露した。日本人柔道家が二日間ですべての形を見せることになっていた。古式の形などはフランス人にはほとんどなじみのないものであったが、崩しの正確さや動きの美しさにフランス人も魅了された。その後ヨーロッパ選手権を掛けて団体戦が行われた。スイスとオーストリアは人数が揃わないために棄権し、六カ国で争われることになった。フランスのメンバーはパリゼ、マレ、コキル、ヴェリエ、ドゥ・エルトゥで、オランダ、ベルギーにそれぞれ四勝一引き分けで勝ち決勝に進む。決勝戦はフランスとイギリスの対決となり、主審は栗原九段が務めた。

パリゼはイギリスのローダを肩背負であっさりとほうむり、マレはホブソンに払腰を二回かけて「技あり」をとって勝つ。コキルは内股でチャップリンを破る。四人目のヴェリエはグリーソンと引き分けたが大将のドゥ・エルトゥはグラントを五十五秒で投げた。四勝一引き分け、フランスの圧勝である。

　プログラムの最後は醍醐の十人掛けとなる。この当時フランスでは一対一の試合よりも、五人十人と並べておいてこれをいかに短い時間でほうむりさるかという勝負のほうに人気があった。フランスの最優秀選手十人を相手に醍醐は内股、払腰、大外刈、崩上四方固《くずれかみしほうがため》……と技を繰り出して破っていく。しんがりは巨漢ドゥ・エルトゥ。彼はまた両手を突っ張って腰を引く守りの姿勢に徹し、醍醐が捕まえようとしても柔道着の中に潜り込むようにして捕らえられない。立ち技でも寝技でも持ちこたえ、ついに十分間組み合って引き分けた。日本のチャンピオンの圧倒的な勝利を期待していた観衆はいささか落胆した。しかし慣れない風土で到着以来大歓迎の過密スケジュールをこなしてきた疲れや、日本の柔道をたった一人で代表する責任感など醍醐に不利であったことはおおかたの納得するところであった。ドゥ・エルトゥの戦法はまた多くの論議を巻き起こした。

　翌日は個人戦が行われ、茶帯は十七歳のオランダ少年アントン・ヘーシンクを破ったデュプレが優勝、初段はパリゼ、二段がコキル、三段と無差別はドゥ・エルトゥと、すべての階級をフランスが制覇した。初日に引き続いてフランスの完勝である。ドゥ・エルトゥは四段に昇段し、講道館館長が自ら允許状《いんきょじょう》を手渡した。優勝杯、メダル、優勝旗、そして賞品の柔道着など数々の褒美をもらう選手達を見ながら酒造之助は喜びを押さえきれないでいた。祖国の柔道人に対しても、フランスの弟子達や一般観客に対しても、大いに面目を施すことができたのだ。大会の締めくくりとして、醍醐がヨーロッパ最強の十人を相手にする頃にはもう時計は夜の十一時を回っていたが、会場の熱気は最高潮に達した。ドイツ、イタリア、ベルギー、オーストリア、フランス、オランダ、イギリスの選手から選び抜かれた戦意盛んな強豪を相手に堂々と戦い、九分ですべてを破った。挑戦者それぞれみごとな戦いぶりだったが、なかでも自分たちの師小泉軍治の教えと柔道精神を忠実に守って、困難な闘いに正々堂々と善戦したイギリスのグラントとグリーソンに賛辞が集まった。良いものを見た後の快い興奮に満たされた観衆は去りがたい思いで会場を後にした。

あるジャーナリストはこう書いた。

「テクニックと活力、体力が萎える瞬間がある。その時に残っているのは精神とその人間の考え方、要するに腹のすわり方だ。その時にこそ、その人間の姿がありのままに表れる」

醍醐の沈着冷静な戦いぶりや、笑みを絶やさぬ穏やかな人柄はどこへ行っても人気を集め、Ｄａｉｇｏをフランス読みにして「デーゴ」、さらにフランス十七世紀の大作家コルネイユの名作「ル・シッド」に出てくるヒーローの父、剛勇で鳴らした老貴族ドン・ディエーグにあやかって「ドン・デーゴ」の名で通っていた。

六日には国際柔道連盟の緊急特別委員会が開かれて、大会参加の八カ国の代表が日本の加盟について話し合った。日本の意向を踏まえたボネ＝モリは日本が加盟した場合、連盟会長の席には嘉納履正講道館館長を据えようという提案を行った。これに対して現会長であるイタリアのトルティは連盟本部が東京に移ると不便が多いとして反対し、嘉納氏を名誉会長として戴き、実質的には今まで通りヨーロッパ中心が良いと主張した。この意見にオーストリア、ドイツ、スイス、オランダが同調した。しかしボネ＝モリの熱心な説得の結果、ほぼ彼の案で了承される見通しがついた。柔道の総本山である講道館の指導力への期待、大嘉納の息子であるという威光、醍醐が見せた日本柔道の強さへの感嘆が日本の優位を受け入れる素地となった。翌年チューリッヒで開かれた総会で、ボネ＝モリは連盟を各大陸ごとの柔道連合を束ねる形の組織に改編することを提案し、採択された。ヨーロッパ柔道連合の会長は引き続きトルティに決まった。

講道館の一行は十日までパリに滞在し、酒造之助の柔道クラブを初め幾つかの道場やその練習風景を見学する。思いの外の柔道の発展ぶりに驚嘆し、一行に指導を求める熱意に感心する。各道場に温水シャワーや暖房の設備があることさえ日本の柔道人の目には贅沢なものに見えて目を丸くし、筋肉トレーニング用の補助器具や婦人専用の控え室、更衣室など至れり尽くせりの設備に溜息をつくのみだった。稽古に通ってくる一般市民が楽しみながら汗を流し、柔道が彼等の生活の一部になっているというあり方は、質実剛健を旨とする町の道場や、高校あるいは大学の柔道部の厳しい練習が中心になっている日本の柔道を知っている者には目新しい感じであった。女性が柔道に強い関心を寄せている点にも驚いた。日本では講道館に女子部ができていてもこれは特別扱いで、試合が禁止されていたのは前述の通りだが、稽古場も男子とは別で、男女入り混じって稽古する風景は考えられなかった。それがフランスでは男女の区別なく一緒に練習する。イギリスでも同様であった。また大会でも席の半分は女性で埋まる。栗原民雄は川石道場の昇段試験の様子について、観覧席の最前列に三十人ほどの女性が並び、受験者が口頭試問で間違うと低い声で「ノン、ノン」と言っているのが聞こえたと伝えている。川石道場に留まって三ヶ月ほど指導することになった栗原を除いて、四人はこの後ベルギー、オランダ、イギリス、イタリア、スイス、オーストリア、ドイツ、そしてアメリカを回って一九五二年二月半ばに帰国する。各地で大歓迎を受け、柔道が欧米でいかに高い評価を得ているかを改めて認識し、刺激を受けた。この旅を通して彼等は「世界柔道界の最高権威である講道館」「世界柔道の総本山」の意識を強め、正しい講道館柔道を世界に普及しようという決意を固めた。

六　フランスを訪れた日本の柔道家たち

講道館の一行は酒造之助がフランスに適した柔道教授法を編み出し、ヨーロッパ選手権大会を主催するほどまでに柔道を盛んならしめた功績は認めながらも、講道館の方針に忠実なイギリスにくらべて独自のいき方をするフランスに多少の危惧を感じていた。

私達としてはフランスの特殊事情を一方で活かしつつ、なほ正しい軌道をはづさない様に留意しつつ適当な助言を与えるつもりです。――一九五一年十二月五日夜（嘉納履正「パリーよりの柔道便り」『柔道』昭和二七年二月号）。

この危惧は柔道の本家として講道館のシステムを世界じゅうに広めようとするとき、日本と外国との文化の違いから生じてくる柔道に対する取り組み方の違い、ずれの予感だったかも知れない。

講道館もそれまでフランスの事情に全く疎かったわけではない。酒造之助がたびたび講道館の機関誌『柔道』に宛ててフランス柔道通信を送っていたし、一般新聞にも様子が紹介された。また一九五一年夏には講道館評議員の早川勝が仕事の上での出張をかねてヨーロッパの柔道事情を視察した際、フランスでは酒造之助の道場を訪ね、ボネ＝モリと会い、連盟の理事会を傍聴してフランス柔道の現状をかなり詳しく調べ、講道館にレポートを出している。この際、早川がフランスでこれほど柔道が発展した理由をボネ＝モリに訊ねたところ、フランスの柔道連盟の会長は三つの理由をあげた。「第一に、まれにみる資質の先生がいること。先生は試合に強く教師としての適性にすぐれ、組織力がある。ヨーロッパ人をよく知っており、広い展望をもち、弟子達に大きな影響力がある。第二に、先生がヨーロッパ人の弟子達を相手に二十年に渡って実施して開発した、彼等の気質によく適合した教授法があること。第三には、フランスから二万キロも離れた国で生まれた柔道が、我々の国で驚くほど好意的な風土を見いだしたのだ。フランス人はすぐ柔道に夢中になった。それで川石先生は初期の頃の弟子達を質の揃った優秀な柔道教師にすることができ、今度は彼等が意欲的に川石メトードを教えた」

これらの説明を受けた早川は『柔道』一九五一年十一月号の中でこう述べている。

（フランス柔道界の隆盛の理由を）連盟会長ボネ=モリ博士や川石七段にも訊ねてみたが、私なりに判断すれば

一、柔道が佛国の大衆の心理に適合していること。（……）小さい躰の者が大きな者を制御する痛快さがフランス人の気性に合うし、また柔道には理論的体系があるのでレスリングや拳闘などと違うという認識がフランス人の矜持に合ったのではないか。

二、普及発展させる組織が巧妙に出来ていること。政府公認のアマチュア団体であるフランス柔道連盟が全国のクラブを組織して、国からの補助金と会員の登録手数料で運営されている。そのほかに技術研究と相互親睦を目的とした有段者会があり、これは会費で運営される。さらに昇段審査機関として川石七段が独立の立場にいる。（……）このように三組織が鼎立しているが、その目的と任務が異なり、相補うようになっている。

三、指導者に人を得ていること。右に述べたように一般修行者も有段者もそれぞれ組織を作っていて、言い換え

れば特定の指導者ではなく、団体が指導者になっている形である。もっとも技術指導者としては中央組織に川石七段、教授として粟津、望月両六段、各クラブの道場にはそれぞれ専門家、有段者が配置されている。
四、技術指導上にも工夫を加えていること。技の番号化と無段者の階級を色帯で表す。
五、財政的の基礎が出来ていること。月謝は比較的高く、中流階級の修行者が比較的多く、高級なスポーツと見なされている。

早川の報告はかなり正確だが、ボネ＝モリの説明とは力点の置き所が違っている。ボネ＝モリはフランス柔道の発端にまず何よりも川石酒造之助がいたこと、すべては酒造之助という個性がいたところから始まった、とその存在の起源を説いたのだが、早川はうまく機能している現状を説明しているだけだ。なぜ現在のような形ができあがったかということこれまでの過程は考慮に入っていない。これまでの経過を十分に知ろうとせずに日本流のやり方を持ち込んでも、摩擦が起きるだけで効果が少ない。この先日本の柔道界との接触が多くなるにつれて、双方の関係が必ずしも好ましい方向にばかりは進まなかった原因はこの視点の食い違いにあったのではないかと思われる。

後にフランスの柔道家が懐かしさを込めて「フランス柔道の黄金時代」と呼ぶのは、有段者会を結成して技術の向上と柔道普及のため努力し、帰還した酒造之助を中心に皆が心を一つにして励んだ一九四七〜一九五二年頃のことである。一九五一年にフランスがイギリスを制してヨーロッパチャンピオンになって以来フランス柔道は絶頂期を迎える。しかしこの時代はまた分裂に向かう時期でもある。

国際試合が多くなると、チーム作りが酒造之助の主要な関心事になった。優秀な人材を見つけることはさほど困難ではないが、それを五人揃えて鍛えるというのは並大抵のことではない。大きな試合の前にはオーギュスト＝ブランキ通りの川石道場で一、二週間の集中訓練が行われた。日本なら合宿訓練で朝から晩まで柔道漬けになるところだが、ここでは毎日正午から一時三〇分までの猛練習。それでも選手にとっては最大限の辛抱である。ナショナルチームに選ばれた選手と補欠合わせて十人ぐらいが定刻にはいつも顔をそろえていた。練習のメニューはまず最初の者が他の全員と一分間ずつの総当たり戦をする。必ずポイントをとらなくてはならない。その次は二番目の者が同様にする、という具合に全員が行う。二回目は一方が最大限に防御しているところへ相手が得意技を掛ける、というもの。全員が自分以外の全員と当たって乱取りの「取り」と「受け」の役をするわけだ。ここまででほとんどの者が疲労するが酒造之助は容赦はしない。選手権試合で五分間持ちこたえたかったら一時間のトレーニングが必要だと、いつも言っていた。その後さらにワンコースが始まる。得意技に連絡変化をつける、寝技、抑込技の入り方と防ぎ方、そして絞技を防ぐ練習、最後に自分の好きな技を何度か練習する。しかしこの厳しい訓練はすばらしい成績で報われたから酒造之助の指示に逆らう者はいなかった。連盟における彼の影響力は絶大なものになる。ピクマルは酒造之助の権威を教皇にたとえ、柔道界のヒエラルキーを教会の階級制度になぞらえた。しかし絶対王政は長続きしないのがフランスの国柄である。

一九五〇年一月にフランス柔道柔術連盟の機関誌『柔道』が創刊された結果柔道界は風通しが良くなり、連盟の方針と有段者会の方針、酒造之助のやり方の違いや問題点がはっきりしてくる。また一九五一年以降フランスを訪れる日本の柔道家が増えてきたし、一方では柔道のメッカ講道館に修行に行く者も現れてきた。川石方式以外の日本の柔道教授法が知られるようになると、批判精神旺盛なフランス人はこれまで学んできた方式に懐疑の目を向ける者も出てくる。

酒造之助の不在中ドゥ・エルトゥとともにジウジックラブの段位認定権を委されていた実力者のボージャンが、酒造之助と入れ替わるように一九四九年日本へ渡り、講道館に入門した。彼は強烈な個性の持ち主で、講道館の指導者ともしばしば衝突があった。とくに段位の授与に関して不満があったようだ。二年の修行を終えて一九五〇年に帰国すると、講道館仕込みの崩しを主体とした柔道を披露して酒造之助の教える技を批判し、酒造之助の絶対体制を非難した。さらに酒造之助との間に個人的軋轢があり、金銭問題が関わってこじれた。ボージャンと、彼と一緒に日本に行ってきたデュシェーヌとが翻す公然たる反旗に対して、酒造之助は二人の黒帯を取り上げて有段者会の名簿から彼等の名前を抹消すると言い出した。有段者会総会が開かれて二人から事情聴取を行った結果、この事件は川石師範とボージャン、デュシェーヌの個人的は確執が発端だから、有段者会は関与しないという態度を決める。さらに、酒造之助が二人の黒帯を取り上げたことに関しては投票で皆の賛否を訊ねた。

1　一度与えた有段者の資格を剥奪することが出来るものか？

ウィ　二四票　ノン　七六票

2　二人の名前を名簿から抹消すべきか？

ウィ　四一票　ノン　五六票

ボネ＝モリとアンドリヴェ、ジャザランは中立の立場を表明した。明白に師に対立することにためらいがあったのだ。多数決によって酒造之助の主張は否決され、酒造之助は立ち上がって会場を後にした。これ以後彼は有段者会の総会に姿を見せることはない。

第一回ヨーロッパ柔道選手権大会に日本から講道館館長一行が招待された前後から、フランスを訪れる日本人柔道家が急激に増えてきた。これはフランス柔道連盟からの招きであったり、あるいは旅行者や留学生が教えるなど形はさまざまであった。

一九五一年春にヨーロッパ柔道視察をした講道館評議員の早川勝に同行して、望月稔がマルセイユに着いた。ジュネーヴで三ヶ月過ごし、夏に早川とともにパリに来た。望月は一九〇六年静岡の生まれで、武道家の家柄である。八歳で柔道と剣道を始め、十五歳からは柔道に専念する。講道館では三船久藏の弟子となって修行するが、柔道の外に剣道、棒術、槍術など古武道を極めるように嘉納治五郎に勧められ精進する。さらにこれも嘉納の勧めで、合気道開祖植芝盛平のもとに学び、合気道八段の腕前であった。柔道は六段、剣道四段、空手四段という万能の武道家である。

彼が早川とともに柔道連盟に酒造之助を訪れたとき、ボネ＝モリは望月に合気道について質問をした。

―「合気」とは直訳するとどういう意味なのか？「気合い」と何か関係があるのか？ そこでは呼気はどんな役割を果たしているのか？ 中心的な原理はどういうものか？

「合」というのは「一緒に、まとまって」という意味である。それから「気」とは「感覚」、意識である。「合気」とは、つまり、首尾一貫して何一つ断絶することなしに、思考と行動を統一してひとつのまとまった全体を形成することによって自我を意識し、それを実現することだ。

「気合い」とはこの力が、もはや蓄えられるのではなく発散されたものである。

呼気は合気道では重要な役割を演じるが、しかし先走って考えてはいけない。間違った道を進む恐れがあるからだ。従ってまずスポーツ的な面に注目すべきであろう。

—合気道と柔道との関係はどう考えるか?

柔術が共通の基礎になっている。従って柔道は合気道の勉強に非常に有効な下準備となり、よい環境を作ることになる。進歩は一段と容易で早いだろう。柔道は本来、そして特に現状では、闘技方法全体の中でスポーツ面だけになっている。それに今、日本における学校柔道は本当の戦いや護身術、柔術をあまりにないがしろにしている。

フランスの柔道はこの間違いに陥らず、川石先生がいわゆる柔道の勉強と並んで柔術も学ばせているのは妥当である。

—合気道の試合はあるのか?

いや、あくまでも技術的な知識と姿勢、スピード、フォームが問題になるだけだ。しかし、それでも合気道の段位は常に戦いにおける有効性に対応している。等々。

フランス柔道連盟は望月にしばらくフランスに滞在し、酒造之助の助手として連盟の道場で指導に当たるように要請し、彼もこれを了承した。しかし酒造之助が柔道は川石方式で教えることを求めたので、やがて望月は連盟の道場では合気道のみを教え、柔道は他の道場で教えることになる。技の名前をフランス語と番号で分類する酒造之助の方法に望月は賛成できず、帰国後だいぶ経ってから書いた文章の中で「アメリカに五、六年、英国に三、四年、フランスに二十余年と渡り歩いているうちに完全無欠なコスモポリタンとなり、精神的国籍不明者になり切っていた川石酒造之助氏作製の柔道教典」と川石方式を批判している（『柔道新聞』昭和五二年十月三十日付け）。彼のフランス滞在は二年ほどであった。

望月はフランス滞在中や帰国後に、フランスでの経験についてたびたび柔道新聞に寄稿している。この新聞は昭和二十七年（一九五二年）三月に創刊された旬刊紙で、日本の柔道家を読者対象にしたものである。講道館の機関誌『柔道』が柔道家の「建前」を語ることが多いのに対して、この新聞には柔道界の本音の部分が見えるので門外漢にも面白い。望月の文章は当時の酒造之助の様子やその周辺を具体的に記していて興味を惹く。日本に帰ってからは酒造之助に対してかなり辛辣な批判をしているが、彼がまだフランスで酒造之助とともに行動していた時の報告を見よう。

フランス通信（一）

二月二十七日

朝八時、栗原九段、川石七段、粟津六段と一緒に、南仏リオン、ニース、アンチブ、マルセーユ及モナコ公国、モンテカルロ等を巡る旅にでる。中仏ヌベヤえの道を通って巴里を出たが有名なホンテンブロの森の中でこれと別れ、更に東よりの道を南下する。リオンまでの行程は四五〇キロという。途中私達の車えオートバイが触れて前輪の脚が折れ、運転した人は顔に大きなスリキズを拵えたが先方が悪いので大した問題にはならない。こちらも片方のヘッドライトが滅茶々々になった。なにしろ直線路を一二〇キロ以上のスピードで走っているのだから一寸でも触れたら最後だ。

それでも私達を追い越していく車は沢山いるのだからスピード狂の多いのには驚く。しかも道幅は昔の東海道位だから、無数にすれ違う車がよくもぶつからないものだと感心する。運転する川石七段も目を据えてハンドルを握っているが、同乗の私達も手に手に汗を握っているのだ。そのうちにその緊張も長くは続かず、いつとなく居眠りしてしまったが、兎に角夕方の五時頃ほかに事故もなくリオンに着く。此処はスイスのジュネーブに近いフランス第二の大都でサオヌ河をはさんだ巴里と実によく似ている町だ。例によって最上ホテルの一等室はすでに予約されているのでまっすぐこれに入る。（……）

二十八日

十時に起きて放送局に行きマイクを通じて市民に挨拶をし、新聞社ではいろいろなポーズで写真を撮られてからやっと放免されて昼食。午後は市内見物の後合気の対手との打ち合わせを終わり四時より午睡。九時より試合開始。六つの道場対抗、有段者の五人掛ののち、栗原九段と私で投の形を演じた。暫くして居合、合気の順で私は実演をしたが、ここの連中はとても合気を怖れて固くなっているので、力一杯にやらないと動かないのでさながら真剣勝負のようになってしまった。後で見物に聞いたら実に迫力があって物凄かったと云っていた。

粟津六段が有段者十人掛をやって人気を呼んだが、合気は多勢を一度に掛けて立ち回りをするので派手でありその人気は素晴らしい。（……）（『柔道新聞』昭和二七年三月三十一日付け）

フランス通信（三）

三月三日（ニース）

九時起床。朝食を軽く摂り、十時から合気の対手を呼んで道場で打ち合わせを行ったが、ここの連中は話だけ聞いて怖じ気をふるい、初めから手がロクロク触れないうちに勝手に転ってしまうので昔の尾上松之助の忍術映画みたいになってやりにくくて仕方がない。リオンでは固くなり過ぎて困ったが、ここでは私が「ヤッ」とか「エイッ」とかいうと背後に居る奴まであわててヒックリ返る始末である。先便で伝えたと記憶するが『生活と科学』という本に「ジュネーブで望月六段の気合に卒倒して三時間人事不省になったというが本当か」という読者の質問に対し、某科学者が「東洋においては古来そのようなことが行われていたようだが、これはある方法によって永く練習すると掛声に強力な振動が生じ、それが相手の神経系統を急激に且つ強力に電撃するために相手は一時的に全神経のマヒを起こすものである。従って望月六段の気合によって人が倒れるということはあり得るであろう」と証明してしまったので、それが相当広く読まれている故か私が「エイッ」と云いそうになると、皆先に倒れる用意をして仕舞うので掛け声などやんわりやる必要がある。然し対手が二十貫以上の頑丈な力士ばかりだから、私のような腕力のない者はどうしても気力を一喝に集中して、しかも一瞬の間に技を施さなくてはならぬのでなかなかむずかしい。

気合に関しては私がそんな事例はないと説明しても、いよいよ実験となると私の顔色が全然変わって凄くなり、今にも電撃が生じるのではないかとの恐怖に襲われるそうである。
この夜の大会もどうやら大過なく盛会裡に終わった。会場はカジノ・ミニシパルといってオペラ劇場とキャバレーと賭博場を合わせたものすごい殿堂であったが、観覧者は非常に真面目で咳き一つしない静粛ぶりであった。（『柔道新聞』昭和二七年四月二十日付け）

一九五一年秋、トゥールーズの修道館道場からの要請を受けて講道館から安部一郎がやってくる。彼は講道館がフランスに正式に派遣した最初の柔道家であった。修道館は一九五〇年一月ジョルジュ・ラセールとロベール・ラセール兄弟がフランスの西南部の都市トゥールーズに設立した道場で、ロンドンの武道会と提携しており、会誌も出していた。ラセール兄弟は、柔道は個人的なあるいは組織的なあらゆる思惑を超えて人間の進歩に役立つべきである、という考えを持っていた。ロベールはジャーナリストであり工学や東洋の哲学に関する著作もあるが、フェルデンクライスに柔道を習って以来フランスにおける柔道の普及に努めてきた。政府に働きかけて柔道が国家補助を受けられるスポーツの公認種目になるように運動したり、戦後の川石酒造之助フランス帰還にも大きな推進力となった。彼等はフランス柔道連盟の枠外にいたが、修道館創立の年にロベールはボネ＝モリに宛てて書簡を送り、次のように述べた。

柔道は偉大なもので、あらゆる障害を乗り越え我々すべてを感動させます。それは普遍的であり、この普遍性の感情こそ我々の心にしみ通るべきものです。人種の違いもなく、肌の色の違い、階級の違いもありません。そこにあるのは人間であり、兄弟であり、人類向上への道をたどる巡礼なのです。我々は率直に素直に手をさしのべなければなりません。こうすれば我々はより優れたものになることが出来るでしょう。

しかし連盟の指導者達は川石体制が外部の意向によって動かされるのを好まず、この提案を受け入れなかった。そこで修道館は奨学金を作り、日本から柔道を教えることのできる学生を何人か招いた。その一人が安部一郎だった。しかし安部がフランスに到着したときフランス柔道連盟や酒造之助に何の連絡も挨拶もなかったことから、両者の間にわだかまりが生じた。講道館にはフランス式の柔道教授法を正しい講道館のやり方に変えて行きたいという思惑があり、酒造之助の方は戦前から十数年に及ぶ柔道普及の努力をないがしろにされたという気分になった。

翌年三十歳の平野時男が個人の資格でぶらりとやってきた。彼は戦前、中学時代から全国優勝を重ね、戦後は国民体育大会で個人優勝も経験している猛者である。皇居警察で柔道の専属教師を務めていた。フランスに来た平野は酒造之助と手を結ぶことを潔しとせず、自力で周囲に柔道家を集め「オリンピアード・ド・ジュードー」という組織を作り、柔道連盟の許可なしに段位を与えていた。『Ｊｕｄｏ』の一九五二年六月号には小さな記事で、連盟理事会が平野のオリンピアードに参加した有段者ゴデ、ソヴニエール、ピカール、ラゴ等と、彼等が教えているクラブを最低一年間資格停止にする事に決定したと報じている。まもなく平野は連盟が提供した指導者のポストを拒否してベルギーへ去る。

一九五三年には道上伯《みちがみはく》がパリのオルリー空港に降り立った。彼はこの年の春に日本を訪れたボネ＝モリと会い、柔道連盟の招きを受けてフランス西南部の柔道指導に当たるため一年契約でやってきた。道上は大正元年（一九一二年）の生まれで愛媛県八幡浜市の出身。京都の武道専門学校で柔道を学び、旧制高知高校の助教授を経て上海の東亜同文書院大学の予科教授となり、外国人に柔道を教えた。戦後郷里に帰っていたが、カリフォルニアのサン・ディエゴから柔道指導の要請が来て行く気になっていた。しかし同じ頃武専の恩師栗原民雄からフランス行きの話があり、迷った末に一年の予定でフランス行きを決心する。ボルドーのノケ三段が柔道の修行のため日本に来るのでその間彼の道場を預かり、同時にフランス西南部の指導をするためであった。英語が話せるので好都合だった。

道上は身長一メートル七十三、体重七十八キロ。ボネ＝モリは道上と東京で会見したときの印象について「中肉中背で色浅黒く頑健そうだが、とくに柔道家らしく体型が変化しているということはない。慎み深く、育ちのよい立派な紳士で、日本人の礼儀正しさと謙譲の美徳を備えている」と『Ｊｕｄｏ』に記している。道上は柔道の技術はもちろんだが、武道専門学校でたたき込まれた武士道精神や礼儀作法がその人柄を作っており、日本の柔道専門家の一つの典型をフランス人に示すことになる。

初め船で来る予定であったがラ・マルセイエーズ号に船室が取れず、急遽飛行機になる。急がなければならない理由があった。夏の研修のため高段の指導者が待たれていたのだ。七月八日に羽田を発ち、サイゴン、カラチ、ベイルートと南回りでフランスを目指し、七月十一日にパリ着。十四日のフランス革命記念日の賑わいを見物して、その午後酒造之助らに同行し、有段者会が開催するトノン・レ・バンの夏期研修に行く。スイスとの国境にあるレマン湖岸のこの町で七月十五日から三十日までの研修が終わると、一息入れる暇もなくスペイン国境に近い大西洋岸のビアリッツに移動して、連盟主催の夏期国際柔道講座が八月一日から始まる。二週間の講習が終わると、翌日から八月いっぱいは大西洋に面した町アルカッションでまた柔道研修を行う、というハードなスケジュールで道上のフランス生活が始まった。アルカッションは保養地であり、牡蠣の養殖でも知られている。フランス西南部は良い指導者を渇望していたので道上は各地で引っ張りだこになり、一月の半分はパリで教え、残り半分はボルドーやその周辺で指導するという忙しさであった。一年の契約が次々に延長されて、ついに半世紀に近いフランス暮らしとなった。

一九五三年には合気道六段の阿部正も来た。当時二十六歳で、柔道は三段。ソルボンヌ大学で文学を学びながら、合気道をヨーロッパに普及させるために合気道開祖の植芝盛平が派遣したものだった。植芝は酒造之助に書簡を送り協力を要請してきたので、酒造之助はこれを了承し引き受けた。しかし阿部は新聞のスキャンダル面を賑わすことの方が多く、合気道でも勉学でも成果を上げることができなかった。

また一九五四年七月から半年間小田常胤九段が六十四歳の高齢をおしてヨーロッパ巡遊にでかけ、常胤流と評判をとった得意の寝技を披露し、フランスの寝技師たちの注目を引いた。しかし三年前に手術した胃ガンが再発して体調を崩したのを無理して旅行を続けたため、翌年一月末に重体となって帰国し、まもなく亡くなった。

このほかにも日本で多くの優れた選手を育てた柔道教師なども来たが性格的にフランスに合わず、イギリスに去った。

フランスの柔道家は、一九五〇年に來仏した粟津正蔵を含めてこのようにさまざまな形で日本の柔道家と接触することになるが、その後フランスに根を下ろすことになる粟津、道上を別にして当時のフランス柔道にもっとも大きな影響を与えたのは安部一郎であった。

安部一郎六段は秋田県出身で当時二十九歳。東京高等師範学校体育科卒業で、英語とフランス語に堪能であった。修道館は安部を迎えてにわかに賑やかになる。この講道館の柔道家は礼儀正しくにこやかで、明快な解説を加えながら美しいフォームを見せて教えた。その教え方は酒造之助のやり方とは大いに違っていた。酒造之助の方は、ほとんど何も説明はせず自分で動きをやって見せ、弟子達がそれぞれの考えに従って理解習得していくというものであった。また安部がスピードのある一連の動きの中から技をかけ、体の流れに応じて自在に次の技に連絡していくその鮮やかさに魅せられた柔道家は多かった。安部の評判はパリまで聞こえ、首都から七百キロの遠路もいとわずトゥールーズへ通う安部柔道心酔者のグループができた。ジャック・ブロー、リュシアン・ルヴァニエ、ピエール・ルセル、ピエール・マルテル、ギー・ペルティィエなどが安部柔道の代弁者になる。川石方式と安部方式に決定的な違いがあるのか、あるとすれば何か、これはもっとも優れた専門家にもはっきりとは分からなかった。ある者は「講道館の柔道は科学的、演繹的であり、川石柔道は直観的で昔の武術の奥義伝授に似ている」とか「講道館方式では弟子は進歩に応じて一つの動きのあらゆる形を学ぶ。投げ技でも連絡変化や合わせ技においても、重要なことは知識の質である。川石先生のところでは技ははっきりと固定していて、その使い方は絶対的な基準に従うが、往々にしてそこに論理が欠けている。知識は本質的に量的なものになる」と言った。一方川石支持者達は二つの柔道の違いはごく小さく、幾つかの細かい技に限られていると言い、技の教え方の細部を云々するよりも弟子が自分で練習するという点が最も肝要で、どんな教え方であっても弟子が柔道の勘を身につけ、動きを自分のものにしていなければ優れたテクニシャンにはなれないと反論した。ミシェル・ブルッスはその著書の中でこの二派の対立を分析し、そこに二つのレベルでの対立を認めている。一つには人間サイドの対立であり、安部の成功の中には柔道連盟の技術指導者である酒造之助の権威に対する反発と、連盟の中央集権主義に対する反感が含まれていた、とする。もう一つはより根本的なもので、どんな柔道をするのかという問題になる。川石方式は科学者と大学関係者の手によって西欧化された柔道で、フランス人にとってとりつきやすくなった。しかし講道館式柔道は、これを信奉する者達にとっては源流への回帰を意味した。安部の柔道はしなやかで軽やか、動きを優先し肉体を解放する。これまで教えられてきた川石方式の静的な柔道とは違っていた。川石方式では肉体的精神的な訓練であったものが、安部のところでは知的、肉体的な遊び、挑戦、美的な喜びとなる。

七　分裂の季節

一九五三年奨学金が切れた安部に、フランス柔道連盟はポストを与えることを拒んだので、彼はベルギーの柔道連盟の申し出を受けてフランスを去る。だが彼の教えを熱心に求める者達が多かったために、週一度パリにやってきた。彼の周りに集まった柔道家達は、翌一九五四年十月に講道館柔道愛好者連合を結成する。しかしこの連合のメンバーは柔道連盟にも入っているので、組織間の関係は複雑になった。彼等が各クラブに講道館連合への加盟を勧誘した結果、講道館派の柔道家の弟子や孫弟子はおおむね講道館連合に入り、その他の人々は酒造之助に忠実だった。講道館連合の方は川石派が個人的利益のために柔道の発展を妨げ、現代柔道に合わない時代遅れな教え方を続けていると非難すれば、他方は、講道館連合が柔道界の統一を壊しており、数年にして世界第二の柔道国になったフランスの力を弱めようとしている者達の思うつぼにはまっていると言い返した。安部の後任に佐藤吉右衛門が来たので安部がフランスに教えに来るのもしだいに間遠になり、またフランスの柔道家達のレベルが上がったり、優秀な日本人柔道家との接触がますます頻繁になると、安部一郎の影響は薄らいでいった。

けれどもこの時期からフランス柔道界分裂の気運は一気に高まる。道場やクラブの連合や、柔道教師達のテクニックを研究しようとする組織、柔道家の職業的利益を守ることを目的にしたもの、安い料金で労働者が柔道を楽しむためのものなど、さまざまな観点から次々と新しい組織ができた。一九五五年には十二を数えるほどだったが、その中で主なものを拾ってみると次のようになる。

一、フランス柔道柔術連盟（Fédération Française de Judo et de Jiu-Jitsu）

政府のスポーツ総局の公認を得ており、フランスにおける柔道界の代表権をもっている。ということは、毎年多額の補助金が入ることを意味する。会長はボネ＝モリ、技術指導が川石で粟津、道上がこれを助けた。柔道連盟はこれまで培ってきたフランス柔道の統一を壊すとして、一貫して講道館派との提携を拒んできた。

二、フランス講道館柔道愛好者連合（Union Fédérale Française d'Amateurs du Judo Kodokan）

フランスの柔道家の中に、しなやかでしかもダイナミックな柔道を求める動きがでてきたことが柔道界分裂の原因であって、安部一郎の来仏はそのきっかけに過ぎない。柔道の技術研究に熱心で、また柔道の教授法をも模索していた有段者達が集まった。後に講道館技術愛好者連盟（Fédération Française des Amateurs des Techniques Kodokan）と名称を変えた。

三、有段者会（Collège National des Ceintures Noires）

有段者が個人の資格で参加している組織で、分裂前までは柔道連盟と協力してフランス柔道界をリードしてきた。この二つの組織にともに参加している者が多い。川石方式、講道館方式のどちらも認める自由さがある。

四、道場ユニオン（Dojo-Union）

一九五三年酒造之助が「粟津、道上の両アシスタントの指導を受けるようになって直接私とふれあう機会が少なくなった弟子達との交流の場とするために」として設立したもの。このユニオンは酒造之助に忠実な柔道家の利益を図っているとして非難された。一九五三年初めには柔道連盟の主要ポストや有段者会の会長などはユニオンのメンバーが占めていた。

五、全国柔道教師組合（Syndicat National des Professeurs de Judo）

一九五五年に国が認定する柔道教師資格の制度ができて以来、自分たちの職業上の利益を守るために組織された。技術に関してはどのグループからも独立していようとする。

六、講道館柔道学院（Institut du Judo Kodokan）

講道館柔道愛好者連合加盟の教師達をまとめて、柔道の教授法を研究する柔道の上級学校を目指した。柔道を単なるスポーツとしてでなく完全な武道として保存してゆきたいと考えていた。

七、フランス柔道友好会（Amicale du Judo Français）

一九五五年連盟の運営に不満を持つ有段者達が集まって結成した。連盟の現執行部と闘うつもりであったが充分な声を集めることができず頓挫した。

一九五三年のヨーロッパ柔道選手権大会は十月二十九、三十日ロンドンで行われた。九カ国参加した団体戦では決勝でフランスとオランダの対戦となり、二勝一敗二引き分けでオランダが優勝した。フランスチームの主将はドゥ・エルトゥだったが、彼は平素からオランダの柔道を指導に行っていたので『Ｊｕｄｏ』の三十五号では「我等が主将は〝彼の〟チームが〝彼の〟弟子達に敗れたのを見てやはり憮然たる面もちをしていた。やがて我々の敵になる者達に我々の教授法を教えに行くなんて、なんと言うことだ！」と皮肉っている。個人戦でもフランスのパリゼとオランダのヘーシンクとの決戦となる。一メートル六十六、八十二キロのパリゼは身長一メートル九十四、体重一〇八キロの相手と組んで立技に寝技に死力の限りを尽くし、この巨大な躰を押さえ込んで絞技を掛けた。ぎりぎりのところでヘーシンクがこれをのがれた時にはパリゼは気力体力の極限で、ほとんど昏睡状態にあった。

翌年のヨーロッパ選手権大会はベルギーで行われ、個人戦は段位別戦と体重別戦が行われた。団体戦はオランダを押さえて優勝し、段位別戦でも二段三段はフランスが取ったが、初段はベルギーのウトレが、無差別級はヘーシンクがチャンピオンになった。体重別戦にはフランスは参加しなかった。

オランダが実力を伸ばしドイツやベルギーなども力を付けてきた。フランスも安閑とはしていられない。それに国内でも、柔道教師の国家資格試験問題や体重別制問題など、取り組まなければならない案件がたくさんある。今内部で足の引っ張り合いをしている場合ではないという反省から、一九五五年以来柔道連盟と講道館技術愛好者連盟の間でたびたび統合の話し合いが繰り返され、難航したがようやく一九五六年春に調印の運びとなる。新しい組織はフランス柔道及び武道連盟（Fédération Française de Judo et de Disciplines Assimilées　略称ＦＦＪＤＡ）と称し、川石派と講道館派の双方から等距離と見られていたポール・ド・ロッカ＝セラが暫定的に会長に決まった。彼は万能のスポーツマンで、とくにボクシング、サッカー、ラグビーでならし、戦前から学校体育の分野で重要な地位に就いていた。柔道はドゥ・エルトゥに手ほどきを受け、一九五四年五十五歳で初段となると柔道連盟の理事に選ばれ、翌年は副会長の席に着く。運営は連盟と講道館連盟から半々に選出された三十二名の運営委員が当たることになり、技術に関する問題は有段者会と講道館柔道学院の代表が研究する。

数ヶ月後に新会長の選出があり、講道館連盟派の支持を得てピマンテルが当選した。精力的な仕事ぶりで、彼は地方の連盟を組織化し財政の健全化を計り、しっかりした屋台骨を作った。

フランス柔道及び武道連盟（以下「フランス柔道連盟」または単に「連盟」と記す）ができたとき、新事務局は昇段審査の権限を有段者会から取り上げて連盟が握ることに決めたが、これが新たな紛争を生みだした。有段者会の考えでは、連盟はもっぱら柔道のスポーツとしての面に係わりその普及や運営に携わる組織であり、一方有段者会の方は伝統武道としての柔道を維持発展させてゆく組織である。ところで段位授与や柔道教授法を決定するといった重要な事項は高段者のみに任されるべき権限であり、当然有段者会に属するという見解であった。これに対して連盟側では、有段者会は今や有段者の友好団体に過ぎず、何らの決定権も段位授与や教育の権限ももっていないと考える。この対立は妥協不能であった。一九五七年六月有段者会は連盟の制止を振り切って、道上の指導の下でいつも通り昇段試験を強行した。連盟はそこで認定された段位は国内、国際的に無効であると通告し、この昇段試験に係わった十七人の柔道家を六ヶ月の活動停止処分にした。コキルやシャリエ、ジャザラン、ラグレーヌなど有名な指導者や教師、チャンピオンも含まれていた。連盟と有段者会は決裂した。連盟では酒造之助と粟津の立ち合いの下で、段位に関して討議する委員会が昇段規則を制定した。これまで各道場ではほぼ毎月昇段試験が行われており、初段をもらうのには昇段試合（四十点満点）と投の形（三十点満点）の二つの試験があった。そして七十点とれなかった受験者は技術と知識の試験を受けなければならない。合格率は一〇〜二〇パーセントという難しさだった。しかし年々受験者が増えてくるので、彼等をできるだけ吸収し、しかも水準の高さを維持するための試みが行われた。新しい連盟は初段を取るための試験は試合だけにした。呼び名もこれまでは日本語を使ってショーダンシケンといっていたものを予備選考《プレセレクシオン》と変える。また地方の連盟《リーグ》の選挙で選ばれた会長はその地方の昇段委員会の委員となることとした。これは責任を分担させる狙いである。高段者や審判、教師のための研修講座も開催することにした。一方有段者会が新たにフランス柔道教師組合を組織すれば（全国柔道教師組合はすでにある）、連盟はフランス有段者連合を作って対抗するなど泥仕合の様相を見せて、この対立は長引いた。

一九五六年に新しい連盟ができた際、創立時から十年間会長の座にあったボネ＝モリは椅子を降りた。以後彼は国際柔道連盟の事務局長として、柔道の世界的普及発展に努力することになる。一方、技術指導の地位は廃止され、日本人はみな技術顧問となる。酒造之助の契約はまだ残っていたのでしばらくは連盟に関係していたが、一九六一年に契約は終了した。連盟の中枢となったのは、直接酒造之助から柔道の手ほどきを受けたことのない新しい世代である。彼は新しい組織に加盟しなかった。一九六一年春のある日、帰宅した酒造之助は美都子に向かってただ一言、「今日からおれは自由になった」と言った。粟津がフランス柔道連盟の技術顧問になり、道上は有段者会のメンバーと行動をともにした。

柔道連盟と有段者会が和解するのは一九七四年である。

一九五二年三月酒造之助は次男映二を得て三人の子供の父親になった。長男則一はフランスに向かう船中で生まれた。父が念願叶って弟子達の許に戻る喜びと意気込みにもえているときだった。パリの北東ジェネラル・ブリュネ通りで、二年後に長女美枝子が生まれた。この頃、父はフランスを留守にしていた間の懸案や、しだいに規模が膨らみ複雑化していく柔道連盟の運営上の問題を、会長のボネ＝モリと力を合わせて処理していた。毎日多忙を極め五十歳を越える身にはこたえたが、フランス柔道が発展していく確かな手応えに疲労を忘れることができた。少しでも体が楽になるようにと柔道連盟の道場のすぐ近くに引っ越しして、オーギュスト＝ブランキ通り九十九番地で映二が生まれたのは、フランスがヨーロッパ一の柔道国として講道館にも一目置かせるほどの実力を付け、連盟が国内的にもまだ求心力を保っていたフランス柔道黄金時代の最後の日々であった。赤ん坊のきかん気な顔が父親の幼児時代とうり二つだったので、父はこの子を映二と名付けた。

酒造之助の妻美都子は日本を立つ前には「花の都パリ」行きを皆から羨ましがられたが、パリに住んでもその実感はほとんどなかった。フランスは戦後の復興がなかなか進まずあらゆる物資が欠乏しており、パンや牛乳でさえチケットによる配給制で、日本にいるときとあまり変わりがなかった。それに川石一家が暮らしていた十九区や十三区はパリのはずれで、シャンゼリゼやグラン・ブルヴァールといった繁華街からは遠い、いたって庶民的な町だった。右も左も全く分からない異郷にあって、乳飲み子を抱えフランス語が話せない美都子には、家事をこなしたり日用品の買い物をするのでさえ大変な仕事であった。酒造之助が美都子にフランス語の教師を探してきてくれたが、美枝子が生まれ映二が生まれるにいたってとても勉強どころではない。毎日の生活の中から言葉を、生活習慣を一つ一つ自分で覚えていくほかなかった。美都子は結婚するまで柔道というものを見たこともなく、柔道家の妻になることなど考えたこともなかった。夫の仕事の概要もよくは分からなかったが、とにかく家では夫がくつろいだ時間を過ごせるようにと気を配った。

家庭に振り向ける時間は少なかったが、酒造之助は子供にはやさしい父親であった。平日は毎晩帰りが遅く子供達の寝顔を見ることしかできなかったので、日曜日は一日子供の相手をして過ごすことにしていた。家族揃って昼食をすませると午後は皆で外出し、パリの西にあるブーローニュの森の植物園ジャルダン・ダクリマタスィヨン（順化園）の遊園地に行ったり、子供達がもう少し大きくなるとボウリングをしたり映画に連れて行ったりした。子供の教育について細かいことは何も言わなかったが、躾だけは厳しく、フランスの社会に適応できるまともな人間になるように願っていた。フランスを訪れる日本人が増えてくると、面倒見のよい川石家の客間は賑わった。柔道関係者、郷土姫路とゆかりの人々、早稲田関係者、ジャーナリスト等々、パリで羽振りのよい日本人ということでさまざまなつてを頼って大勢の人がやってきた。日本から来た少女歌劇団の歓迎の宴を開いてやったこともある。この当時パリを訪れた人々で酒造之助の世話になった人は多い。父の姿を求めて客間のドアを開けた則一が「パパ、イヤハルデー」と叫ぶと、異国で思いがけなく柔らかな上方言葉を耳にした遠来の客は例外なく頬をゆるめた。姫路出身の酒造之助と京都生まれの美都子の家庭では、日本語は優しい響きを持っていた。

一九五二年にパリの川石家を訪ねた京都のモード研究家の藤川延子は川石家の様子を次のように伝えている。

丁度お昼どきだったので、川石七段は、私たちを中華料理を食べに行こうと誘って下さいましたが、その時、毎日、発育盛りを、日仏両国語を覚えるのに骨を折っているのにちがいない、当時まだ幼稚園に通っていた、小さな坊やが「支那めし食いにゆくんか、うちもいきたいな」とはっきりした関西弁で、活発にしゃべられたので、この坊やを残してゆくのがいじらしく、たまらなくかわいそうな気がしました。（『柔道タイムス』昭和三五年九月十五日付）

美都子のたった一つの不満は、夫の賭事好きであった。柔道連盟の報酬は決して安くはない。川石家は経済的に豊かなはずだが、酒造之助はときどきまとまった金を持ち出してすってくる。行く先は公営のカジノであったり、闇の小さな個人経営の賭博場であったりするが、カードを使ったバカラや、ルーレットなどで遊んでいるらしい。美都子に買ってくれた毛皮のコートが、いつのまにか姿を消すということもあった。賭け金に化けたのだ。酒造之助は賭博で金をもうけること自体に興味があるのではない。精神を集中して己の決断に賭ける一瞬のスリルに惹かれるのだ。夫の気晴らしなのだからと思っても、家計を預かる妻としてはなかなか承服できなかった。

八　柔道教師の国家資格

「柔よく剛を制す」と並んで「小よく大を制す」は柔道の醍醐味であり、これはフランス柔道のモットーでもあった。『百万人の柔道家』のティボーによると、フランスでは柔道の体重別制を口にする者は自分が柔道の本質を理解していないことを白状しているようなものだ、と見なされていた。

しかし柔道が国際的になるにしたがって、ボクシングやレスリングの例を引き合いに、身体的に同一条件で試合をする方が公平だという意見がでてくる。一九五二年八月にチューリッヒで開かれた国際柔道連盟総会ではスイスが提案した体重制の問題が話し合われ、軽量級（六八キロ以下）、中量級（六八～八〇キロ未満）、重量級（八〇キロ以上）の三階級制をスイス、デンマーク、ドイツ、イタリア、オーストリアが支持した。フランスやイギリスは反対し、結局この時はヨーロッパ選手権試合の公式戦には体重制を導入しないということに決まったが、十二月にパリで行われたヨーロッパ選手権試合の機会に体重制による非公式のトーナメントが試みに行われた。このときにはどの階級ともフランスが優勝し、フランスの選手達は各クラスの下限体重を維持するのに苦労したほどだったので、体重制はあまり意味がなかった。

それでも世界の趨勢は確実に体重制に向かっていた。アメリカ合衆国では一九五三年に四階級の体重制を採用する。

体重制の決定はフランスの柔道家にもさまざまな影響を与えた。アラン・ヴァランとロベール・ブラはスポーツとしての柔道の発展のために、大学の柔道にこのシステムを取り入れた。世界選手権がこのシステムで行われるのなら、必要悪として受け入れなければならない、という意見も多かった。しかし全国柔道教師組合の事務局長ルヴァニエの言葉「体重制を論議している人々の誠意を否定するものではない。けれども彼等に柔道の基本的な意味を変える権利があるとは思わない」というのが大部分のフランス柔道人の気持ちだった。

だが柔道人口が増え、とくにスポーツとして愛好する者の割合が高くなり、一方指導者も生え抜きの柔道家だけでなく体育教師出身の者が加わってくるようになると、体重制を支持する声はますます強まる。国立スポーツ学校の教師ブラが『学校スポーツと大学のスポーツ』という雑誌に体重制賛成論を発表し、三船十段のインタビュー記事から「柔道がスポーツ化していくのは避けられない。体重制もその意味ではやむを得ない」という部分を引用して自説を補強すると、さっそく連盟の事務局長ジャン・ガヤが『Ｊｕｄｏ』誌上で反論し、三船先生の言葉を恣意的に引用する間違いを指摘し、その後に続く先生の言葉「しかし本質はきちんと守っていかなければならない。つまり常に自分より大きいものに勝つ努力を続けるということだ。ここから本当の技術が生まれる」という部分に注目すべきだと主張する。さらにガヤは次のように言う。「一部の大会で体重制を認めることは、日本ならそれが柔道の本質を変えることなく、ただオリンピック種目として認められるための手段という認識で行うことができるかも知れないが、フランスではそれは不可能だ。『フランス柔道が完全に発達するには少なくともあと十五年は必要だ』という川石師範の言葉を思い出すべきだ。大人にとって大したことがない病気でも、育ち盛りの若い組織には大いに有害になることがある」。そして「体重を勝敗の決定的要素と考えるのは柔道の本質に背く」と結論づける。それに対して次の号でブラが反論を載せる、といった賑やかな応酬が繰り広げられる。『柔道』誌に掲載された大滝忠夫八段のレポート、日本の高校生の試合から全日本学生柔道選手権、全日本選手権試合までを調査して、身長体重の優劣と試合結果の関係を考察した文章を引用して体重制賛成の論拠とするものもいれば、同じレポートから反対の結論を引き出すものもいた。国内の公認スポーツを統括するスポーツ局は、スポーツとしての柔道の普及と発展という見地から連盟に体重制の実施を要求していた。これに対して連盟は、柔道は単なるスポーツではないとして抵抗した。有段者会では一九五六年に会員二千名にアンケートを実施して二六%強の回答を得た。それによると体重制に反対のものが全体で八五%。これをもっと詳しく分析すると、解答を寄せた有段者は柔道教師とアマチュアがほぼ半々だったが、そのうち体重制反対派は教師の八四%、アマチュア八六%。また回答者を体重別で分けてみると、七〇キロ未満のものでは七九%、七〇~八〇キロ未満の者八七%、八〇キロ以上では八九%が反対派だった。更に段位別に見ると初段八七%、二段八一%、三段八三%、四段一〇〇%。ボネ=モリやドゥ・エルトゥ、ピマンテル、ジャザランなどのフランス柔道界の重鎮やパリゼやクルティーヌ、ダズィといった第一線の選手達も反対を表明した。

ヨーロッパ柔道選手権大会は一九五七年からついに三階級制の体重制を公式に採用することになったが、フランス柔道連盟は二年後になってもまだ二二〇対四〇の圧倒的多数で体重制反対を決議した。ところがこの決議が行われた総会の直後に、連盟の運営に不満を持つグループが離反して全国スポーツ柔道連盟を結成し体重制導入を受け入れる動きがでてきた。このグループは体育教師が中心になっている。政府の補助が新しい組織の方に向かう恐れもでてきて、フランス柔道界は再び分裂の危機に立たされた。事態を収拾するためにやむを得ず、一九五九年に連盟は体重制を受け入れることになった。

一九五四年六月二十二日パリの自称柔道教師トラン・トレン・ユアンが自分の強さを誇示しようとして、自分に絞技をかけるように弟子に命じ、その絞技から抜けられずに絶命するという事故が起きた。この人物は若いヴェトナム人で、彼はフランス柔道連盟には入っておらず有段者でもなかった。ヴェトナム方式と称する〝ヴォ・エ・ヴァ〟流なる柔道を教えていて、七段を名乗っていた。この事件が「柔道は危険なスポーツだ」という誤解を世間に植えつけるのではないかと、柔道関係者は危惧した。「トラン・トレン・ユアン氏の死亡事故が報じられるにつけて、我々が以前から指摘してきたように、現行の法律では誰でも、どこでも、どんな風にでも柔道教師を始めることができるという危険さが改めて問題となる。柔道は正常な条件で、資格ある教師の責任のもとで教えられれば何の危険もないが、金儲け主義者や、神秘めかしたまがいものの東洋趣味などを売り物にした信頼のおけない人物が教えると、きわめて有害な道具になる。我々がかねてから政府に要求してきたように、登山やスキー、剣術、水泳などの教師に国家資格を認めていると同様に柔道教師にもその資格を認めてほしい。これが柔道を最善の方法で発展させる道だ」とガヤはさっそく『Ｊｕｄｏ』に論説を載せた。

柔道教師に国家資格を与えよという運動は以前から行われていたが、この事件で急に勢いづいて審議が進んだ。初めは外国人柔道教師の入国を制限しようという法案だった。これはフランスを訪れた日本人柔道家が気前良く気まぐれに「段」を与えるのでフランス柔道連盟としても統制がとれず、段位の厳正さが損なわれているという背景もあった。しかし外国人排除というのでは国際的に問題があるとして方向転換し、国家試験を行って資格を認めるという案になる。もっともこの法案は外国人柔道教師排除だけが狙いなのではない。むしろ数からいえば、段位も持たず連盟にも属していないまま学校体育の場で柔道を教える体育教師が多く、これが柔道のレベルを下げているという問題の方が深刻だった。そこで国家資格試験で一定の技術的レベルを保証しようというものであった。しかし、日本での受けとめ方はすこしちがっていた。次の産業経済新聞の記事は外国人教師入国制限法が問題になっていた頃のものである。

ポツポツ一人歩きの柔道国・フランス
欲深い日本人教師追放

◇…日本の〝柔道〟がフランスに紹介されて満廿年、どうやら日本の指導なしでも一人歩き出来るようになったこのヨーロッパの〝ジュードーの国〟フランスではいま議会で外人が柔道を教授することを禁止する法案が活発に討議されている。この法案の狙いはフランスの異常なほどの柔道熱に便乗してあくどく金をもうけて来た日本の柔道専門家たちをしめ出すことにある。この廿年間、柔道は国内七百五十の道場に十五万をこえる熱心な男女の修行者を集めて来た。そこで最近柔道教師と名乗りながら教授をそっちのけにして金儲けに夢中になっている不心得な教師が目立って多くなり、この弊害をなくして柔道界を浄化しようというフランス柔道連盟を中心とした努力が実を結んだもの。

◇…またこの法案の成立はフランス人に「柔道はかく修道すべし」と教え込もうとした日本の講道館に対して自己流の柔道の普及を主張してきた川石酒造之助（七段）の勝利を意味することになった。というのは日本講道館は安部一郎氏をフランス柔道連盟に派遣して連盟の顧問としてフランス柔道界に干渉してきた。ところが、川石氏がこの干渉に強硬に反対、安部氏は遂にフランスを去る羽目になっていた。（……）

◇…フランス柔道連盟ではこの柔道関係法が成立すれば川石氏はフランス柔道界の事実上のツァーとしての位置を確実にするものだといっているが、この法律によりフランス柔道界が今後どんな方向を取って行くか興味のあるところだ。（『産業経済新聞』昭和二九年九月七日付け）

フランス柔道界の内部事情がよく分からず、あくまでも日本からの視点で解釈しようとするので誤解が多いが、翌年に国家資格試験法が成立したときも日本の柔道家達は危機感を強めた。この試験は外国人でも受験できるが、試験はフランス語で行われ、実技試験だけでなく口頭試問もあるので、よほどフランス語に堪能でなければ合格はおぼつかない。一九五八年と五九年にこの法律を補完する政令も出て、フランスでは国家が柔道家の立場を保護し、柔道の発展を支えて行く法的環境が整えられた。

一九五一年（昭和二十六年）秋、日本では全日本学生柔道連盟が結成された。翌年九月第一回全日本学生柔道優勝大会が開かれたとき、ボネ=モリは学生柔道連盟の理事長早川勝に書簡を送って、日本の学生柔道の発展は全世界の柔道に極めて大きな影響を与えるだろうとしてこれを祝った。大学教授として、彼は柔道に精進する日本の学生の純粋で真摯な姿に期待を持っていた。一九五三年初めて彼が日本を訪れたとき、東京学生柔道連盟の合同稽古場に案内され、そこで五人掛けをした学生に目をとめた。慶応大学四年柔道部の主将福田満である。福田は翌年慶応大学を卒業するとボネ=モリの誘いに応じてフランスに渡り、ソルボンヌ大学に籍を置きながら、パリを初めとして各地の大学を中心に柔道を指導することになる。学生の持つ真面目さと若さ、それに柔道を職業とはしていないアマチュア性がフランス柔道にとって新しい刺激になるのではないかとボネ=モリは考えたのだ。福田はフランス語を習い覚えてフランスの柔道家や柔道学生、また在仏の日本人柔道関係者と親しく交わり、柔道を通して日仏の文化の理解と交流を推進しようとした。しかしこの時期はフランス柔道界が分裂して複雑な統合離反が繰り返されていたので身の処し方が非常にむずかしく、彼は志を遂げないまま柔道を離れて日本企業に入社し、一九六一年に帰国する。けれども福田の経験が基になって、後に日仏学生柔道協会の構想が生まれた。

日仏学生柔道協会設立趣意書

嘉納治五郎先生を始祖とする日本伝柔道は、今では世界のスポーツとしても、国際的にめざましい進歩発展を示しております。

とくにフランスにおいては、上下を挙げて柔道に親しみ、国内二十余万の修行者は、柔道の精神と技術の体得に打ち込んでいるという現状であります。

（中略）

しかしながら、フランスでは、その国の特殊事情と法的措置によって今日では、フランス人以外の柔道専門家が滞仏して柔道教師の職に就くことは事実上禁止されている状態であります。

それでもフランス柔道界の指導者は、実際には特にわが日本に学ぶべきことのなお多きを自覚しております。

（中略）

このように、欧州、その中でも特にフランスは、純粋にして研究心に富む若い学生または学士の柔道人の渡仏を望み、更にその人達を通じて両国の学術文化の交流を積極的に勧めることを志向するに至っております。また逆に、その国の柔道学徒を日本に留学させ、柔道研究をかねて専攻する学問の研鑽を続けさせようとする構想をも鋭意検討しつつあります。

（中略）

これを要するに、日仏それぞれに柔道を通じての永久的な文化交流を推進することを大目標として、とりあえず、優秀な学生または学士有段者を交換留学せしめ、柔道の研究、指導を併せ行わせようとするものであります。（後略）

一九六〇年六月二日

日仏学生柔道協会設立発起人会

日仏の文化交流の一環として柔道による若者のスポーツ交流を望んでいたフランス側は、元教育相でパリ大学教授、当時東京の日仏会館の館長であったルネ・カピタンが、親交のあった東京大学名誉教授で前伝染病研究所所長の長谷川秀治に相談を持ちかけて話が具体化していった。長谷川は一九五二年と、福田満がフランス各地で柔道の指導をしていた頃の一九五六年に、フランスで柔道の隆盛ぶりを見てきてその発展の早さに驚いた。それと同時に、先輩国日本の取るべき態度について多少の危惧を抱いていた。一九五六年五月十五日号の『週刊朝日』に載った「世界の柔道と日本の立場」と題した談話記事の中で彼は、これだけ発展してきたフランス柔道に対して日本がいつまでもフランスを牛耳るような態度で接していくのは、相手の反発を招いて危険である、彼等の組織ややり方を尊重し、対等の立場で教える気持ちが必要だと警告している。「日本はいま、あたかもカトリックのヴァチカン王国のようなつもりでいるけれども、よほどうまくこのつきあいをコントロールしないと、日本を尊敬している気持が軽蔑の念に変わる恐れがあると思う」と言う。この気持ちが日仏学生柔道協会に結びついたのだ。やがて読売新聞社社主の正力松太郎を会長とする日仏学生柔道協会が設立され、第一回派遣留学生として日本大学医学部卒業の小林幹子三段がトゥールーズ大学で医学を学ぶことになり、その後も引き続きマルセイユやポワティエ、グルノーブルなど各地の大学へ留学生が送り出された。一方フランスからも東京芸術大学で彫刻を学びながら柔道の修行をする者や、海洋学や電子工学の学徒がやってきて専攻分野の研究と並んで日本の柔道を経験し、そのかたわら自分の専門知識や技術を日本の学生に教える機会を与えられた。教える者と教えられる者という一方的な関係ではなく、互いに平等の立場で、自分の持っているものを教え相手の優れているところを学ぶという新しい関係を築き挙げようとする動きが柔道界の一角で起きてきたのである。

九　第一回世界柔道選手権大会

柔道の国際化という大きな波を受けて日本柔道は揺さぶりをかけられ、さまざまな局面で否応なく意識の変革を迫られてくる。世襲のように、嘉納治五郎の息子と言うだけで柔道経験のほとんどない履正が館長の地位に就いたり、また家元制度のような段位允許の方法をとるなど極めて日本的な組織である講道館が世界の柔道の総本山として外国の柔道を統率しようとするとき、その意識のずれは予想以上に大きな亀裂を引き起こしていく。

海外で柔道を教えてみると、日本では何の疑問もなく受け入れられてきたことでも、なぜそうやらなければいけないのか、なぜその方がよいのか、などと疑問をぶつけられる。一つのやり方を権威で押しつけるわけにはいかない。論理的に、科学的に説得する根拠を持つ必要がある。日本人同士なら「自明の理だ」という論法がまかり通る場合もあるが、日本人とは歴史や習慣、考え方も異なる人々を納得させるには研究と努力が必要となる。これは昭和二十一年からたびたびアメリカで柔道を指導してきた講道館の川村禎三などが早くから力説していたが、なかなか実行されない。体重制についても、海外で問題になっていることは知っていたが、講道館の取り組み方は消極的であった。日本がはっきりした方向を打ち出さないのは、外国から見ると優柔不断で指導力不足と取られる。一九五八年フランス・プレスの記者とのインタビューでこの問題についての意見を求められた講道館館長は「オリンピック種目として認められるためには体重制採用もやむを得ない」と答えた。しかしこれにボネ=モリが強く反発すると嘉納履正は訂正文を出し、この件は今講道館で研究中だといったが、フランスの柔道人は講道館は逃げ腰だと判定した。反対するにしろ条件付きで受け入れるにしろ、いろいろ実際にやってみてデータを作り、それに基づいて主張しなければ説得力は弱い。国際柔道連盟の総会での討議においても、実践的な研究が欠けている日本案が、十分に準備して各国への根回しもできているヨーロッパ案に押し切られるというような状況が続き、日本の指導力が疑われるようになる。日本の柔道界では国際的な会議で議論する経験に乏しく、またその重要性が十分には理解されていなかった。

柔道の段位、昇段方法については日本国内でもかねてから論議がやかましかった。若くて実力が最高の頃が四段五段で、その後柔道着を脱いで柔道関係の役員などをしているうちにその功績で六段七段と上がっていくという仕組みは部外者には分かりにくい。また講道館に高額の寄付をすれば段位がもらえるとか、何かの機会に大盤振舞で大量の昇段者がでるというような話はいたるところで聞かれる。段位認定料も結構高くて若者には負担になる。実力による段位と名誉段位の区別を付けよ、いや昔武徳会がやっていたように範士、教士のような称号を使うのがよい、いっそ段位など一切なくした方がすっきりしてよい、など柔道家の間でも侃々《かんかん》諤々《がくがく》の論がでて、柔道新聞ではアンケートも行われたが、講道館は変革を考えてはいなかった。

外国では自国内の柔道組織が整うと、その国の柔道連盟が段位を授与するようになっていく。講道館は世界の段位の統一性を保つために、すべての段位の授与を講道館が一手に握ることを考えたが、そう思い通りにはならなかった。外国の段位発行について日本では「勝手に段をばらまいている」と白い目で見ていたが、各国とも自国の柔道のレベルを下げるような愚かなまねはしないから、実力に見合った段位が与えられていた。イギリスでは初段になるには試合だけでなく柔道理論、文章表現力まで考慮された。フランスでは初段への昇段試合は、初めの頃は自分より下位の級の相手五人と対戦するものだったが、後に茶帯の者一名と対戦する方式に変わり、さらに一九四九年には茶帯五名の総当たり戦になる。これに形の試験と口頭試問があり、酒造之助が有段者会の役員と相談しながら合否を認定した。新しい柔道連盟ができたときには前述のように形の試験はなくなった。昇段試験の方法もきちんと制定され、ごく安い手続き料以外は取らない明朗なシステムで運営されており、これに較べれば日本の昇段方法には不明朗なところがある。それでも講道館の段位に憧れて申請する外国人柔道家は後を絶たなかったが、日本流の対応がトラブルを起こすこともあった。高い段位認定料が問題になることが多かったが、フランス柔道のレベルを甘く見過ぎたと思われるケースもある。フランスで二段の教師に習っていた茶帯の人間が講道館で二年修行して四段を与えられた例があり、フランスではスキャンダルとなる。初段から四段になるのにわずか一年しかかからなかった者もいる。こうなると日本の段位に信頼が置けず、彼等が帰国したときには、フランス連盟が与えた同じ段位の者と試合させるべし、とかフランスの選手権保持者になったら認めようという声まで上がった。また少し後のことになるが、オランダのヘーシンクが第三回世界柔道選手権大会で優勝したとき、彼は講道館に六段への昇段を申請した。ところが講道館は「彼は二年前に五段になったばかりなのでもう少し様子を見たい」と言って昇段を拒んだ。しかし、講道館六段の曽根康治を破って世界一になった男に六段を与えないと言うのでは、逆に講道館の段位の意味が問われる。一九六三年に科学技術庁勤務でケンタッキー大学に留学していた鴫原良樹《しぎわらよしき》はアメリカ各地の道場で「講道館はなぜヘーシンクに六段を与えないのか」と激しく攻められて、前年ヨーロッパをまわったときも各国で異口同音に非難されたことを思い出した。「日本の三強豪を倒して優勝したヘーシンク君に対して、心から喜びの拍手を送り得ない日本人の狭量、偏見、ねたみの根性だ——と言われても弁解の余地はないと思われます」(『柔道新聞』昭和三八年七月一日付け)

海外の試合では、選手の技術の進歩に比して審判の技量が描く、誤審が多いことが日本人柔道家によってしばしば指摘された。審判員の質の向上のための指導を強化すべしとの意見が多かったが、それと同時に複雑で曖昧な審判規定を改正してもっと明快に判定の出来るようなルールにすべきだという声が高くなる。そこで講道館柔道試合審判規定による従来の「一本勝ち」と「技あり」のほかに「有効」と「効果」、それに積極的戦意が認められない競技者に「指導」という反則が与えられることなどが付け加えられた国際柔道連盟審判規定が一九六七年に制定される。このような審判規定の変化は本来「一本勝負」のみを認めていた伝統武道の面影をほとんど失わせ、勝敗を明瞭につけようとする競技スポーツの方向へ向かう傾向のみが強化されることになり、柔道の変質をもたらす。

こういった柔道界内部の変化は、しかし一般の日本人にはあまり分からない。海外で柔道が盛んになってきたと聞けば何か誇らしい気持ちになるばかりだったが、そう喜んでばかりもいられない状況であることが、やがて皆の目にも明らかになってくる。

二—九　第一回世界柔道選手権大会

一九五六年五月三日第一回世界柔道選手権大会が東京の蔵前国技館で開催された。一九五一年に国際柔道連盟が設立されたとき以来の念願の世界大会である。初め南米のアルゼンチンが世界大会に名乗りを上げたが経済的な困難に阻まれて実現を果たせず、次にフランスが乗り出してきた。参加人員をしぼって経費は主催国持ちという案で、かなり現実味のある計画であった。しかし第一回の大会は是非日本で行うべきだという声が日本の国内だけでなく、国外からも高くなり、講道館が腰を上げげた。経済的負担がやはり一番の問題になったが、柔道関係者のみならず体育関係、財界人等からの応援を得て遂に開催にこぎつけた。朝日新聞社が後援した。

参加したのはヨーロッパではオーストリア、西ドイツ、イギリス、ベルギー、デンマーク、スペイン、フランス、オランダ、スイス、ルクセンブルク、ザール。アメリカ大陸からはアルゼンチン、キューバ、アメリカ合衆国、カナダ。アジアからはフィリピン、中国、タイ、カンボジア、インドネシア、日本の合計二十一ヶ国。参加選手は各国二名以内ということで、三十一名の申し込みがあった。大会前の下馬評では日本選手の勝利を予想する声ばかりで、外国人選手がどのような柔道を見せるか、まずはお手並み拝見という余裕ある態度であった。オランダのヘーシンク、フランスのパリゼ、ベルギーのウトレなどが話題に上った。

五月三日正午に高松宮をお迎えして、一万二千人の観客が見守るなか世界柔道選手権大会の開会が宣言された。日本の代表は、その四日前の四月二十九日に行われた世界選手権日本代表決定戦で準決勝に勝ち残った二人、吉松義彦七段（鹿児島県警）と夏井昇吉六段（秋田県警）に決まっていた。一九五二年、五三年、五五年の全日本選手権のタイトルを取った吉松の名はフランスの柔道家にもよく知られていた。

フランスは一九五五年のヨーロッパ選手権保持者のパリゼと、一九五六年のフランス選手権の優勝者クルティーヌを代表に送り込んだ。彼等は酒造之助に見送られてパリの空港を出発し、四月二十七日に日本に到着する。酒造之助はこの機会に日本に里帰りしたらと、ボネ＝モリに強く勧められたが断った。もう公式にはフランス柔道連盟には属していない立場だ。四年前の第一回ヨーロッパ柔道大会のときには、フランス柔道界に絶大な影響力を持っていたのに、いまや一私人でしかない。日本の柔道人の前に出たくはなかった。しかし弟子達はいい試合をしてくれるだろうと期待していた。スペインの代表ポンスとザールのエルテルも同じ飛行機で日本に向かった。炭田で有名なザールはフランスの東北部ロレーヌ州に接するドイツの州だが、昔からその帰属はフランスとドイツの間で紛争のもとになってきた。第二次世界大戦中はドイツに属していたが、大戦後行政的には独立国となっていた。そのため一九五六年の

第一回世界選手権大会にはザールは一つの国として参加したのだが、一九五五年の国民投票の結果に基づいて一九五七年一月一日からドイツに返還された。

酒造之助の期待通り、フランス代表はよく戦った。一回戦でパリゼはイギリスのグラバーに崩上四方固で勝ち、クルティーヌはアメリカのキムラに優勢勝ちとなり、二回戦ではパリゼは背負投げでスペインのポンスを下し、クルティーヌはアルゼンチンのアラヤを内股で破って順調に勝ち進んだ。準々決勝になる三回戦でクルティーヌはイギリスのボーウェンを送足払で倒したが、パリゼは十秒で吉松の内股に敗れる。準決勝に残ったのは日本の吉松、夏井とヘーシンク、クルティーヌの四人となる。ヘーシンクは四十五秒で吉松の左内股に敗れ、クルティーヌは夏井の体落に倒れる。その間十秒だった。日本代表の六段と七段に対して外国選手は最高でもパリゼの四段であって、実力の差は歴然としていた。三位決定戦ではヘーシンクがクルティーヌを三分四十五秒で右大外刈にしとめた。予想通り日本人同士の決勝戦となり吉松の内股に対して夏井は体落、大外刈、内股と攻め、二十分間ほとんど差がなく勝負は判定に持ち込まれた。副審の栗原民雄九段と高橋喜三郎八段はそれぞれ吉松と夏井に旗を上げ、主審の三船久藏十段が白(夏井)の勝ちを宣して初の柔道世界一は夏井昇吉に決まった。日本の柔道が世界の柔道になった瞬間である。

フランスの柔道人にとって、世界選手権大会参加は貴重な経験であった。いや、フランスだけでなくすべての外国人柔道家にとって、直接日本の柔道に接しその練習ぶりや道場の様子、そして全日本選手権大会の代わりに行われた日本代表選手決定戦を見ることは「百聞一見に如かず」の効果があった。初めて公式に日本の柔道に触れた驚きと感激を、パリゼとクルティーヌに同行したフランス柔道連盟の副会長で医者のジャン＝ポール・ガレが『Ｊｕｄｏ』の五十六号に寄稿している。

到着した翌日の午後にフランスの柔道家達はさっそく講道館の道場を見学に行き、広々とした稽古場に弾力のある上等な畳が敷き詰められているのに感心し、さまざまな年齢と段位の柔道家達が大勢稽古している様子を見て、若者達のエネルギーと高齢者達のフォームの美しさに感嘆する。蔵前の国技館で行われた四月二十九日の日本代表決定戦についてガレはこう書いた。「柔道を愛したことがある者で畳の上で汗を流し、柔道に熱中し、そして挫折し、再びとりこになった者なら誰でも、柔道を磨くことを夢見た者なら誰でもみな、私の言うことがわかってくれるだろう、この屋根つきの体育館の椅子席のない、木で仕切られた畳敷きの小さな桟敷に入ったときに私が経験した素晴らしい瞬間のことを」。醍醐や吉松、夏井、松本（安市）といった憧れのチャンピオンを目の前にして、彼等は胸を躍らせて見入っていた。「組み手争いが最初の闘いで、いったん組み方が決まると腕は鋼鉄のようにがっしりと固く、腰と足は驚くほどよく動く。攻撃を掛けることは少ないが、掛けるときはどれも力とエネルギーとスピードがあり、我々は茫然となるばかりだ」と報告は続く。審判は完璧であり、寝技で無理な構えは全くない。試合の間じゅう事故が一つもなかったこと、けが人が一人も出なかったことに医者のガレはとくに注目している。

世界選手権大会後印象に残った優れた外国選手は？　と聞かれて、三船十段はヘーシンクとパリゼの名を挙げた。身長体重ともにずば抜けて恵まれた体格のヘーシンクはまだ荒削りな技ながら敏捷でしなやかな動きがあり、試合態度や構えがすばらしく、もっと練習をして経験を積めば大選手になる素質があると見た。パリゼは経験豊かな選手であり、投げ技もさまざま知っている。得意技ばかり掛けると言うことがない。唯一の欠点は肩からの投げの場合、相手の身長がどうであれ、いつも同じ高さからかけることだ。この点を直せば彼の動きはさらによくなるだろう、と語った。日本の柔道にはまだ遠く及ばないが、努力の方向はつかんだとヨーロッパの柔道家達は思った。大会終了後ヨーロッパ柔道連盟の会長ノエルエーツ（オランダ）が「あと五年すれば日本選手に追いつけるだろう」と述べたとき、日本の柔道関係者がこれを聞きとがめてその根拠をただしたのに対して、ノエルエーツは「いや、あれは日本にいると同じ条件で選手を訓練したらという条件付きの話だ」と説明した。「つまり、ヘーシンクなどを五年間、講道館にかよわせたらといった意味になるのであろう」と長沼弘毅が『柔道』（昭和三一年六月号）に書いているが、結局それはあり得ないことというニュアンスで受け取っている。この時点で、五年後に外国選手が柔道の世界チャンピオンになるかも知れないと考えた日本の柔道関係者は一人もいなかったであろう。

フランスの選手達は日本代表が揃って大男であることに意外の念を抱いた。パリゼは一メートル六八で七九キロ、クルティーヌは一メートル七四、七一キロ、ともに日本人と較べて特に大きい方ではない。一方日本選手は夏井が一メートル七八、九八キロ、吉松は一メートル七七、九五・六キロという重量級揃いで、日本では「小よく大を制す」という柔道の神髄が見られると期待してやってきたフランス人は何かはぐらかされたような気持ちになった。

第二回世界柔道選手権大会は二年後にやはり東京で行われた。前回は国技館の桟敷席が外国選手には不評で、長い脚のやり場に苦しんだという感想が多かったので、今回は場所を東京体育館に変えた。十八ヶ国三十九選手の参加を得て十一月三十日正午に開会の運びとなる。前回にもまして外国選手の意気込みは高く、早々と東京入りをして講道館や警視庁で稽古を重ねる者が多かった。フランスからは第一回の代表パリゼとクルティーヌにロベール・ダズィを加えた三人が派遣された。外国選手の中では前回三位となったヘーシンクがやはり最も注目され、進境著しいのは明らかだったが、フランスの代表も一段と力を付けてきたし、アメリカの選手は恵まれた長身に腕力を備えているのであなどれない。試合はヘーシンクとフィリピンのポンカン二段の組み合わせから始まり、熱戦力闘が展開された。日本はこの年の全日本選手権保持者曽根康治五段、それに神永昭夫四段、山舗《やましき》公義六段の三選手を代表とした。準々決勝に残ったのはほぼ予想通り、日本の三選手のほかにヘーシンク、クルティーヌ、パリゼ、イギリスのブロス、アメリカのハリスであった。敗退した選手の中では、初参加した韓国の金が見せた激しい闘志が印象的であった。山舗とヘーシンクの取り組みは緊張感があった。ヘーシンクは得意の内股を連発するが腰が引けているため効果がなく、更に右の内股で来るところを山舗がこらえて返し、一本を取る。しかしヘーシンクの体落としに両手をついて防ぐ場面もあり、観衆をはらはらさせた。この大会までは試合は講道館柔道試合審判規定にのっとって行われ、審判はすべて日本の高段者が務めたが、この山舗の内股返しの一本や同じ山舗が三位決定戦でパリゼに優勢勝ちした判定は、日本選手に甘いという印象を与え、外国選手の日本人審判に対する不信感を植え付けた。もっと明確な判定基準を求める声が日本人の中からも出てくる。しかしともかく優勝は曽根、二位神永、三位山舗と、日本選手が上位を独占することができた。

しかし、前回に較べて外国選手の進歩はめざましく、今や柔道は日本のお家芸などと悠長に構えているときではなく、外国柔道家がもうひたひたと背後に迫ってきている感じだった。第一回大会の時には「外国選手にけがをさせるな」が合言葉だったが、第二回では「外国選手に油断をするな」と変わり、第三回のパリ大会に臨んでは「外国選手に負けるな」と悲壮な決意となる。

一九六一年十二月二日の夜、パリのクーベルタン・スタディアムは六千の大観衆で沸きにわいていた。第三回世界柔道選手権大会の決勝戦を迎えようとしていたのだ。参加した二十四ヶ国五十三選手の中から世界一が決まる時が近づいている。この大会についてはテレビ、ラジオ、新聞、雑誌は早くから大々的に報じて前景気をあおり、入場券は完売していた。時の大統領ドゴールは優勝杯を二つも出して気前の良いところを見せた。日本は五人の選手を送り込んでいた。出場できるのは三人である。はじめ曽根六段、山岸均五段、重松正成五段をエントリーした。しかし準々決勝で重松がヘーシンクに当たることが分かると、急遽試合の前日に変更を行い重松を切り札の神永へ、山岸を古賀に変えた。準々決勝で絶対にヘーシンクを押さえないとその後が危ないという読みであった。実は神永は左膝の故障のためこの大会の出場者を決める日本代表決定戦に参加できなかったのだが、日本柔道連盟の理事会が特別推薦として代表に加えたのであった。それほど期待の神永だったが、ヘーシンクの内股、支釣込足《ささえつりこみあし》の攻勢を受け、支釣込足から横掛けに変化した技で前につんのめる。更に態勢を立て直そうとするところを、ヘーシンクが左足を相手の両足にかけて左にひねれば、神永はたまらず尻餅をつく。攻勢に転じようと神永が左大内刈、体落で攻めてもヘーシンクは腰を引いて防御し、技が効かない。そのうち制限時間の六分が来て、判定の旗はともにヘーシンクに上がった。神永を下して自信をつけたヘーシンクは準決勝で古賀を一分四十秒、内股で屠る。

決勝戦は午後十一時四十五分、曽根康治とヘーシンクの対戦となった。柔道の本家日本の代表選手をヨーロッパの柔道家が破る瞬間が見られるかも知れない。場内には期待が熱く渦巻いていた。ヘーシンクの内股を曽根が返して有効ポイントを取るが、ヘーシンクは落ち着いて内股、支釣込足を繰り出す。七分過ぎヘーシンクが右支釣込足から曽根をねじり倒しそのまま崩袈裟固で抑え込みに入り、遂にこれを抑えきって一本勝ちした。七分五十秒。柔道世界一が初めて日本の手を離れた瞬間である。

古賀と三位決定戦を戦った韓国の金《キム》のきびきびと闘志みなぎる試合ぶりも、外国勢の実力が日本選手と伯仲してきたことを印象づけた。日本選手がパリ到着以来秘密主義で練習を公開しなかったことや、試合前日に登録選手を変更したことはパリの柔道ファンには評判が悪かった。日本は勝つためになりふり構わぬところまで追いつめられていたのだ。

フランスがこれほど大きな大会を成功裡に実施できたことは、きちんとした組織があればどこの国でも独立体制で柔道を運営していくことができるのだという自信を参加各国に与えた。柔道は真に国際化された、とフランス柔道の関係者は鼻を高くした。

ヘーシンク・ショックを機会に日本では柔道界批判が噴きだしてくる。最も深刻なことは、日本には若い実力ある柔道専門家が育たないということだ。なぜか？　学生時代までは柔道一筋に精進するが、卒業後は柔道専門家では生活の不安があることをよく知っているので、講道館の研修員になるようにとの誘いも振り切って大企業に就職する。曽根、神永は富士鉄社員であったし、古賀も日大を卒業後は八幡製鉄に入社する。柔道に振り向けるエネルギーもサラリーマン柔道家には限界がある。フランスの柔道教師が法律によって職業的利益を保護されており、柔道に打ち込むことが自分の経済的利益につながり、さらには国威発揚にも結びつくという恵まれた条件にあるのとは対照的だ。柔道の総本山を自任する講道館は若い力を活かして日本の柔道を活性化する努力を怠っているのではないか――。柔道が初めて正式種目に加えられる東京オリンピックを三年後に控えて、日本柔道界は挙げて必勝の道を探った。しかし決定的な策は見つからなかった。

一九六四年十月二十三日、オリンピック柔道のために建設された日本武道館に、一万五千の観衆が詰めかけていた。東京オリンピックの柔道は体重別制を採り軽量級（六八キロ以下）、中量級（六八～八〇キロ未満）、重量級（八〇キロ以上）、体重無差別、の四階級で行われ、日本選手は軽、中、重量級の三クラスでそれぞれ中谷雄英《なかたにたけひで》、岡野功、猪熊功が金メダルをとった。しかし無差別級の勝者こそ真の柔道世界一、とばかりこの日の無差別級の決勝、日本の神永対ヘーシンクの対戦に熱い声援がとんだ。三年前にパリで行われた世界柔道選手権大会の因縁の顔合わせであることも観衆を熱狂させた。午後三時四〇分試合開始。ヘーシンクはさかんに支釣込足をかけて揺さぶり、神永はそれをはずして固技に持ち込もうとするが場外に逃げられる。五分、ヘーシンクの支釣込足で神永が横転しヘーシンクすかさず崩横四方固に入る。これをほどいて立ち上がった神永は積極的な攻勢に転じる。八分半ば過ぎ大内刈りをかけにいった神永をヘーシンクは返し技で倒し、寝技に誘い込んだ。崩袈裟固めに抑え込んだヘーシンクはもはや岩の如く動かず、三〇秒を持ちこたえる。神永はついにこれを逃れることはできず、再びヘーシンクに屈した。アメリカのクニユキ主審が一本の宣告を下そうとしたその時、熱狂したオランダの応援団の数人が、靴のまま試合場の畳の上に駆け上がろうとした。

この時、一万五千人の観客は、ヘーシンクとは何者かを観た。ヘーシンクは右手をかざした。畳に駆け上がろうとするオランダ青年を制したのだ。武道館に衝撃が走った。

「負けた」

と日本人の誰もが思った。正しい柔道を継承し、力や技だけでなくその心まで会得していた者は、ヘーシンクその人だと観客は知った。

（「ヘーシンクが日本を押さえ込んだ日」馬場信浩『Number 85』昭和五八年十月号）

十　病を得て

故国日本の柔道がヨーロッパの柔道家に押さえ込まれた姿を、酒造之助はどのような気持ちで見ていたのだろう。彼は体重制の採用に反対であったし、オリンピック種目に加えることにも基本的には賛成できなかった。柔道は単なるスポーツではない、という立場を貫くとそういう主張になる。しかし柔道が世界的に普及するためにはこれは避けられない問題であることも承知しており、複雑な心境であった。

フランス柔道界の混乱が収束に向かい、新しい柔道連盟ができた一九五六年以降、酒造之助は人の前に出る機会が少なくなった。ボネ＝モリはフランスの連盟会長を辞めたが、ヨーロッパ柔道連盟や国際柔道連盟に関わって精力的な仕事をしていた。彼の後を受けてフランス連盟会長になったロカ・セラやピマンテルはフランス柔道の普及発展のため、地方のクラブを中央に結びつけるという組織化に力を入れた。柔道教師の国家資格試験法、段位授与の権限及び昇段試験の方法の明確化、技術向上や指導者養成のための教育カリキュラム制定など、制度がしだいに整っていく。若いチャンピオンや新しい指導者が育って、国内の分裂混乱のために一時不振に陥っていたフランスの柔道は再び勢いを盛り返すが、その一方で酒造之助は過去の人になっていく。彼は連盟の出す年金と、オーギュスト＝ブランキ通りにある自分の道場で教える謝礼とで暮らしていた。彼が公式の場に姿を見せた最後の場面は、一九六一年パリで開かれた第三回世界柔道選手権大会である。酒造之助夫妻は招待されて見物席にいた。フランスの柔道連盟会長が世界のチャンピオンと参加各国の委員を紹介し始めた。すると観衆の中から「ムッシュー川石」と呼ぶ声が起こり、それが次第に高くなって会場じゅうに広がっていく。そこで会長は招待席にいた酒造之助を呼びだし、フランス柔道の父として観衆に紹介した。酒造之助がステージに向かうと大拍手が沸き起りステージに上がってからもしばらく鳴りやまず、彼は舞台の上で立ち往生するほどだった。予期しなかった晴れがましい場面と嵐のような喝采に、酒造之助は涙を浮かべていた。そんな夫の姿に美都子も胸が熱くなり、手をたたくのも忘れて夫の顔をみつめていた。家では仕事のことは一切口にしないため、フランス柔道界の変化や夫の立場は充分には理解できなかったが、以前のような強い影響力がないのはよく分かった。いや、影響力どころか、新しい流れからは忘れられた存在のようだ。しかし今夜の出来事を目にして、美都子は夫がフランスで柔道の普及に尽くした半生をこの国の柔道家たちは決して忘れてはいないことを知り、心温まる思いがした。

そのうちに柔道連盟の役員の交代があり、それに伴って方針が変わり、酒造之助の年金が廃止された。彼はフランス柔道クラブの一教師に過ぎなくなる。一九六二年、それまで道場として使ってきたオーギュスト＝ブランキ通りの建物が無料診療所建設のために取り壊しになって、酒造之助は道場を失う。あちこちのクラブで一介の柔道教師として教えるほかはない。老齢になってからの師の窮状を見過ごすことができず、弟子達の有志が「川石先生の弟子と友人の会」を作って支援することにした。アルベール＝レオン・メイヤーが会長となり、翌年十四区のボワイエ＝バレ通り二番地に部屋を借りて壁に竹を貼った道場を作り、これを先生に贈った。酒造之助は弟子達の厚意を喜んで受け、道場を「アカデミー・カワイシ・ド・ジュードー」と名付けて「川石方式」の研究に意欲を燃やした。けれども柔道の技の革新はめざましく、すでに彼の理論を追い越していた。フランスの古くからの友人達は彼に余生を日本で送るように勧め、せめて戦後復興した日本の姿を見に行ってきたらと言ったが、酒造之助は頑なにこれを拒んだ。姫路の身内とは疎遠になっていたのだ。政治家になってもらうつもりで高い留学費用を工面して戦前のアメリカで学ばせたのに、「それを柔道教師づれになりおって」と次兄は戦前に苦々しげな手紙をよこした。戦後フランス柔道連盟の要請に応じて再渡仏を決めたときにも、周囲は猛反対だった。「日本にだってやることはいくらでもあろうが。これからの日本にはおまえのように外国の事情に明るい人間が必要になる」。実際仕事の話はいろいろあった。しかし戦前のフランスで、柔道に関してはほとんど無に近い土壌に小さな種子を蒔き、あらゆる努力を傾けて、彼の口癖を借りれば「熱と体をかけて」育て、ようやくささやかな芽から幼い苗となり、ひ弱ながら若木に伸びてきたフランス柔道を今見捨てることは思いもよらなかった。二度と故国の土は踏まぬ覚悟でマルセイユ行きの船に乗ったのだ。

一九六三年七月のある朝、酒造之助はベッドの中で『文藝春秋』を読んでいた。一九五〇年に日本ペンクラブの代表一行がパリを訪れたとき、酒造之助が彼等を歓待した。それが縁で、一行の中にいた『文藝春秋』の編集長池島信平がそれ以来毎月この雑誌を送ってくれていた。起き出す前に二時間ほど床の中で読書をするのが酒造之助の習慣だった。上を向いて読んでいるうちに右手の力が抜けて、雑誌をぽろりと取り落とした。それが最初の症状であった。一週間ほど入院をして検査を受けたが、結局原因はよく分からない。まもなく退院したが、その後も目に見えるほどの変化はないままにゆるゆると病状は悪化して、右手が次第に麻痺していった。何度か入退院を繰り返すうちに、額の骨の後ろにある血管が細くなっていることが分かった。しかし手術できない箇所だということで、状態が悪化すれば入院し、落ち着いてくれれば退院して自宅療養ということを繰り返した。病院は紹介してくれる人があって、いつもパリ北駅近くのラリボワズィエール病院だった。右手に続いて右足が不自由になった。当時はパリの南郊外フォントゥネ＝オ＝ローズの町に住んでいたが、この住まいは建物の二階だったので出入りするのに一苦労だった。そこで一九六六年に隣町プレッスィ・ロバンソンに一階のアパルトマンを見つけて移る。この頃は足が不自由ながらまだ歩くことはできたが、翌年にはいよいよ歩くことがむずかしくなった。手足にマヒがひろがっても、頭の方はいたって明晰であった。戦前姫路の兄から和解の申し入れがあったのを蹴って意地を張り通したことを後悔するように、ふと「一度帰って見ればよかったかな」ともらすこともあった。

酒造之助が病に倒れてからは、当時柔道三段であった息子の則一がアカデミー・カワイシの道場に立った。「弟子と友人の会」のメンバーも交代で手伝ってくれたが、十五歳でリセ（当時は七年制の国立高等中学校を指す）の生徒であった則一にとって、道場を支えていくのは責任の重い仕事であった。一九六六年からは父に代わって全面的に指導した。

則一は八歳の時柔道のてほどきを受けた。体が弱かったので、父は少しでも早く始めさせたかったのだ。妹の美枝子はまったくやらず、次男映二は六歳で始めたがすぐにやめた。父も強制はしなかった。則一が柔道を始めた頃は子供向けのクラスはなく、毎週木曜日に大人に混じって指導を受けた。道場では子供だからといって特別扱いされることはなかったが、柔道は楽しかった。一九五六年以降酒造之助の道場は連盟に加盟していなかったので、則一も連盟に登録することができず、そのため連盟主催の公式試合などには参加できなかった。若い柔道家として則一には口惜しい思いがあった。

道場で父の仕事を助けていた則一は、家では父の看病をする母の片腕となった。右手右足が不自由になったため、酒造之助は自分で寝返りが打てない。それで夜中に何度か父の体の向きを変えてやらなければならなかった。十七、八歳の伸び盛り、昼間は学校と道場で頭や体を使い、疲れ切って休んでいるところを母に起こされる。朦朧として半分眠ったまま父のベッドに行き、寝返りさせるとまた夢遊病者のように眠りながら自分のベッドにもぐり込むという毎日だった。「あの子がいてくれたおかげで私は倒れずに看病できたのだと、今でも感謝しています」と、ずっと後になって美都子は語った。川石家の子供達は皆それぞれに個性がありながら、揃って両親に優しかった。親を大切にして自分の言動に責任を持ち、文句を言わず実行するという、良き日本人を育てる教育方針で美都子が子供達を育てたためだろう。三人の子供達は二十一歳になると皆自分の意志でフランス国籍を選択したが、母の訓育のせいか、真面目で仕事には手を抜かない几帳面さなど性質には日本人的なところが多分にある。年長の順にその傾向が強いと美都子は思う。娘の美枝子は気性は父親そっくりで、何でも自分で決めてさっさと実行に移す。人の気持ちをよく察し、言われる前に行動する。地元のマリ・キュリー高校を卒業すると一年間ロンドンに英語の勉強に行った。親に負担をかけないように、オ・ペールといって子供のいる家庭に雇われて、昼間は子供の世話や家事をして夜に英語の勉強のため学校に通うという、ヨーロッパの娘達がよくやる方法をとった。英語を磨いてからエール・フランスに入って父を日本に連れていってやりたい、という気持ちからであった。ロンドン滞在中に父の具合が悪くなったと呼び戻されて英語の勉強は中断されたが、父の死後に再び渡英して計画を遂行し、帰国してからエール・フランスの入社試験を受け首尾よく採用される。日本語を話せることも大きな武器になり、後にはアジア航路のチーフ・エアホステスを務める。次男の映二は学校の成績が優秀だった。地元の中学からパリの名門高校リセ・ルイ・ルグランに進む。入学審査の際、面接に当たった教師が「この高校の生徒は皆グランド・ゼコール（普通の大学より格が上で入学がむずかしい高等教育機関）を目指しているが、君はそこに入れると思うか？」と質問した。すると映二は「グランド・ゼコールに入るために私はこの学校に来たのです」と言い切った。父親に似て鼻っ柱が強い。実際グランド・ゼコールの一つであるトゥールーズの国立航空学校に合格した。卒業後は航空機メーカーとして有名なダッソー社に入社し、やがて独立して航空機関係の商社を経営することになる。しかしこれはずっと後のことで、父が発病したとき映二は十一歳、美枝子は十三歳だった。

酒造之助は発病してから五年半後の一九六九年一月末、容態が急変して意識不明となる。救急車で病院に運び込まれたが打つ手もなく、そのまま帰らぬ人となった。享年六十九歳。

フランスの新聞は酒造之助の死を伝え、彼の略歴と功績を紹介した。スペインやイギリスなど外国の新聞もフランス柔道の父の死を悼んだ。日本でこれを伝えたのは朝日新聞だけである。

日本政府は酒造之助が死去した年に、彼に勲五等瑞宝章を授与した。

川石酒造之助は個性の強い人間であった。日本の優れた文化である柔道をフランスに根付かせるという大きな夢を描き、その夢を実現するために知恵を絞り、精魂傾けて働いた。企画力、実行力、意志の強さ、そして人間に対する洞察力に優れ、人を思うように動かすことができた。カリスマ性があるとして高く評価する者もいれば、独裁者だと反発する者もいた。しかしどちらにしても彼は気になる存在であった。フランス柔道の歴史を調べているクロード・フラデによると、丸い眼鏡にチャップリン髭の酒造之助の姿は当時の柔道家の皆に親しまれていて、彼はそこにいるだけで試合に光彩を添えた、という。フランス人は個性のある人間を好む。周囲からはずれた考え方や行動をとる者を、他と異なっているというだけで切り捨てるようなことはしない。たとえ欠点がある人物でも、欠点も含めてその個性を理解しようとする。その意味では酒造之助が活躍の場をフランスに見つけたのは幸せであった。酒をたしなまず温厚篤実な人柄で周囲の柔道家の尊敬を集めたイギリス柔道の指導者小泉軍治とは違って、酒造之助は人間的な弱点を免れてはいなかった。柔道連盟で長く彼の秘書をしていたジャン・ガヤは彼の中には「偉大な川石」と「ちっぽけな川石」がいたと評する。物事に対して明快な態度をとり、ほかの日本人よりも理解しやすく親しみやすかったが、欠点としてはかなりうぬぼれが強く、子供っぽい虚栄心があった。酒造之助は初段以上になったら、柔道着の左襟の下の方に横線を入れて段位を表すことにした。つまり初段なら一本、二段なら二本の短い黒い横線が柔道着の前に見えるわけだ。彼が六段になったとき、それ以前の写真で横棒が四本のものにはみな二本描き加えて六本にしたという稚気あふれる話がある。感情を害しやすいところもあった。特に戦後講道館との間がぎくしゃくするようになると、自分が育てたフランス柔道の成果を他人に奪われるのではないかという猜疑心から、気むずかしい顔をしていることが多くなり、戦前の弟子達が伝えるユーモアのある闊達な面を見せることが少なくなる。それに酒を好み、賭事も好きだった。しかしガヤは酒造之助の「影響力と威信」がフランス柔道の発展に大きな意味をもっていたと指摘した上で、「なんと言っても彼が私にとって師であることに変わりはない」と言い切る。ガヤはフランス社会のエリートを育てる高等教育機関《グランド・ゼコール》である高等商業学校（通称 HEC）と政経学院（通称 Sciences–Po）を出た法学博士で、後にドゴール大統領の下で政治に携わった人物でもある。一九五一年酒造之助が『柔道　私の方式 Ma Méthode de Judo』を自家出版して川石方式を初めて本としてまとめた時、ガヤがイラスト及び文章に全面的に協力した。この本は柔道を教える者、昇段試験を受ける者の虎の巻となり、フランスでも外国でもよく売れた。

弟子達は酒造之助を「師範」（ハ行の発音ができないフランス人はこれをシアンと発音したが）といって尊敬し、時には親しみを込めて「おやじ」と呼んでいた。大きな試合の後の慰労の宴などで、興がのれば酒造之助はよく「馬賊の歌」を歌った。

僕も行くから君も行け
狭い日本にゃ住み飽いた
浪の彼方にゃ支那がある
支那にゃ四億の民が待つ

大正末から昭和の初めにかけて、海外の新天地に憧れる若者達の心を惹きつけ、口から口に伝えられて大いに流行った歌である。弟子達の中には、酒造之助が日本語で歌う歌詞の意味を分かる者はもちろんいない。しかし彼等は彼が歌に託した夢と情熱を感じ取っていた。酒造之助はなかなかの美声の持ち主で、早稲田マンの常としてロマンチストであった。

戦前、読売新聞社のパリ特派員だった松尾邦之助はフランスにおける柔道について、石黒が教えていた頃の柔道は「日本人が知っている特殊な神秘的な秘術で、これを知っていれば力の弱い者が腕力の強い相手の指を砕いたり、骨をへし折ったり、心臓の鼓動を止めたり、敵を軽々と投げ付けたりすることができると信じ」られていたと述べた上で、その後酒造之助が行って柔道が合理的なスポーツであることを徹底させ、彼の教授法と相まって柔道の興隆をもたらしたと、酒造之助の功績を讃えた(「柔道に新方向を与えよ」『柔道』昭和二三年十一月号)。しかし松尾は触れていないが、酒造之助は柔道の合理性とともに、伝統武道としての面も疎かにはしなかった。道場を神聖な場所として敬うことを教え、出入りの際には座礼をさせた。他人に対する誠実さ、師や先輩への敬意、規律、勇気という徳目もじっくり教え込んだ。柔道の技だけでなく柔道精神をも根付かせようとしたのだ。

我々は限りなく感嘆し尊敬しようとしていた。半ば狂信的な情熱をもって、我々は柔道の研究と練習に打ち込んでいた。先生に対する敬意の中には、いくらかの恐れと多大の称賛の念が混じっていた。先生の人格に我々は絶対的なものへの夢と希望を投影していた。この熱狂的な心情は比類なき風土を作り出しており、その中で我々は厳格な礼儀と、柔道に特有の作法を守る態度をやすやすととることができた。

（……）道場は我々が自分自身を探す場所だった。そこでは我々は技の上達や体力をつけることを求めるだけでなく、道義心や自己抑制力、気力を養うのだ。

有段者会の会長をつとめたジャザランはその著書『柔道精神　我が師との対話』（ル・パヴィオン社　一九六八年）の中で酒造之助を囲む直弟子達の雰囲気をこのように伝えている。ミシェル・ブルッスはこの文章を引用して「ここに描かれている柔道精神は皆が分かちもつ一つの文化である。特別な稽古に参加しているという思いが柔道家達の間に目に見えない絆を作る」と説明する。このような絆は、しかし、日本人の教師なら誰でも作り出せるというものではない。酒造之助の個性と教養と、そして努力が必要であった。酒造之助以前にフランスに数年滞在して柔道を教えた日本人はいたし、戦後も二、三年滞在した柔道家は多いが大きな影響は残さなかった。フランスに柔道を根付かせるには自分がフランスに根付かなければならないのだ。その国の捨て石になるつもりで働き、その土地の人間の気持ちが通じるようにならなければ事業は成らない。

生涯をかけて柔道普及に努力した酒造之助に対して、日本の柔道界は冷たかった。一時はフランス柔道の盛んなことに驚き、酒造之助の働きを多としたが、まもなく「メトード川石」は講道館柔道を正しく教えていないとして、無視する態度をとるようになる。イギリスで教えていた小泉軍治が講道館の教え方をそのまま取り入れて、講道館と密接な関係を保っているのとは対照的であった。一方酒造之助の方にも、彼が戦後日本に帰っていた時にボネ＝モリに送った手紙からも分かるように、大きく成長してきたフランス柔道について講道館がどのような態度にでてくるか、と警戒の気持ちがあった。このため両者は率直にフランスの柔道について話し合う機会をもとうとしなかったのだ。トゥールーズ入りした安部一郎は、せっかく講道館から派遣されても、直接酒造之助と接触してフランスの柔道状況をつかむことなく、酒造之助を避けて独自に活動した。これはフランス柔道連盟からみれば、柔道界の統一を壊す動きである。

講道館が酒造之助を無視したがった理由は、川石方式にたいする反発のほかにも幾つかある。例えば、講道館と大日本武徳会の対立も尾を引いている。酒造之助は早稲田に入学した大正九年に講道館に入門して以来講道館から段位をもらっているが、柔道を始めたのは姫路の武徳会であった。大日本武徳会は戦後解散させられたが「武徳会系」というレッテルはその後も残り、講道館直系組との間には一般の人間には理解しにくい溝があった。酒造之助が師と仰ぎ、一九五一年にパリに招いた栗原民雄九段も、彼の勧めで助手として迎えた粟津正蔵も、さらにボネ＝モリの要請にしたがって栗原が選んだ道上伯も、すべて西日本出身で武徳会系である。だから、フランスに講道館直系の影響力を及ぼしたい、という気持ちが講道館にはあったのだ。

また、酒造之助という人物が日本の柔道界ではほとんど知られていなかったという事情もある。ある日本人柔道家が「川石さんは日本での実績がなかったから」と言った。全国的な大会で立派な成績を上げたことがない、ということだ。それに、大学を卒業し兵役を終えるとすぐ海外へ出て長く日本を離れていたから、海外での活動を日本で宣伝する機会に恵まれなかったともいえる。

さらに「川石の柔道は金儲け主義だ」という根強い批判がある。これは、酒造之助が金銭的にうるさかったということと、フランスでは柔道を職業とする柔道家を作り出している、ということの二つの意味で言われる。酒造之助が授業料を他のスポーツの場合よりも高く設定し、比較的裕福な階層の人間を集めたこと、そして授業料の支払いに厳しかったことは前にも述べた。望月稔は酒造之助についてこう言っている。「けだし近世柔道家中経営と理財と投機の才において、およそ彼に比肩すべき人は無いといったら叱られるかも知れないが、とにかく希にみるその方の雄たるは疑うべくもない」（『柔道新聞』昭和二九年十二月二十日付け）。このような批評が日本の柔道家にとっての川石酒造之助像を作り出してきた。しかし「経営の才」はともかく、本当に「理財と投機の才」があれば、一九五六年に連盟を離れてから酒造之助があれほど逼迫することは無かっただろう。「金儲け主義」という彼個人への批判に対しては、次のクロード・フラデの言葉をあげておこう。「川石を非難して、彼が欲得づくで柔道をやり、金や裕福な暮らしを愛したと非難する者がいる。この点では彼は時代の子であって、彼は自分が地上の財や欲望を超越した禅僧であるなどとは言わなかった。しかし彼を非難する者の多くは彼よりはるかに欲張りだ」。次に、柔道教師という職業を作り出したことに対する非難である。柔道教師が職業として成り立つのは、それだけ柔道が盛んだということである。経済的見返りがあるからこそ、熱心に修行して強い柔道家になろうとする。また研修に参加して教授法を学び、生徒達に昇段試験を受けさせ、地域でデモンストレーションを開催するなど、きわめて精力的に活動する。さらに柔道教師たるもの、人体の解剖学的知識や柔道の歴史と哲学、禅について勉強することも要求された。この頃講道館では、職業的柔道教師を目指し修行に来る外国人のすさまじい練習ぶりがよく話題になった。もちろんフランス柔道連盟の中でも、柔道人口を増やすことを最重要視する方向を批判し、柔道の本質を見失わぬように発展の方向をコントロールしようとするアマチュア主義の人々もいた。しかし、職業的柔道家の情熱とエネルギーがフランス柔道の質を高めた一面があることも事実である。

世界柔道は一人前

大韓柔道会副会長方泳斗氏語る

（……）

「世界の柔道は技術的には、日本の柔道界をも含めて、まだまだ研究の余地はあるが、歴史的にも組織的にも、もう一人前の大人になっている。日本が〝生みの親〟の威光を笠に着て外国の柔道をいつまでも子供扱いにするのではたまらない。

たとえばアメリカ柔道の組織体は、日本人二世を中心とするブラックベルト・フェデレーションと、空軍連盟とが大きな柱になっており、段位の審査、発行のことについても、目下真剣に研究しており、講道館段位のオーソリテーに対して批判的であり、もはや何万ドルもの金を日本に送って、講道館の段証書を貰うことは愚劣だ、アメリカ柔道は独自の立場で厳しい審査を行い、権威ある段位を発行すればよい——という考え方が強大になっている。このような風潮はヨーロッパにも韓国にも、その他の国々にも現れている。（……）」

さらに方氏は、韓国柔道家の海外進出に関連して、或る日本人柔道家の発言にいたく憤慨、次のように語った。

「西ドイツ柔道連盟のナショナル・コーチ韓虎山韓国五段のことに関して、過日、ドイツを訪問した日独親善日本選手団の役員の一人が、西ドイツ柔道連盟の関係者に対して、「なぜ、韓国人コーチを招いたか、すぐに日本人コーチに取り替えるべきだ」という発言をした。しかし韓虎山五段と西ドイツの連盟の間には、五年間の契約がありまだ契約期間は残っている。加えて韓五段の指導はきわめて良好適切で、西ドイツでの評判も良い。それに対して、日本人指導者でなければ国際柔道の指導はできないと言うような、思い上がった封建性こそ、講道館及び日本人柔道家が、もっと率直に反省すべきことではあるまいか――」

と、これからの国際柔連と、講道館及び日本柔道家のあり方について、きわめて示唆に富んだ発言を行った。

一九六六年一月一日号の柔道新聞に載った記事である。柔道の世界的発展状況と講道館の認識に齟齬が生じているのがうかがえる。

十一　ゆるぎない業績

一九九四年フランスの武道雑誌『技と試合 Arts et Combats』の九号では川石酒造之助没後二十五周年を記念して酒造之助の息子則一に父を語らせている。

「父が協調的性格でなかったのは確かで、フランス柔道を自分の子供のように思っていて、自分の思うように育てようとしました。しかし、子供は大きくなってだんだん父親の権威に反抗するものです。父は頑固で、彼の教え方は日本の手本通りでないと考える人たちと協調してゆく気はなかったのです。(……)

柔道には幾つかの考え方ができます。〝引きの柔道〟に対して〝押しの柔道〟という分け方ができますが、父は〝押しの柔道〟を優先させたのです。それで一番最初に習うのが大外刈なのです。押しの柔道と並んで寝技も重視しました。

(酒造之助が動きながら技をかけることを教えなかったというのが講道館柔道の信奉者達の最も大きな不満の一つだったが、これについて則一は父の見解を説明する)

「すでに上達している弟子達なら移動しながら技をかけることを教えてもいいけど、訓練を始めたばかりの場合には、重要なことは相手の動きに合わせることです。それで父は彼の教授方法を微妙な崩しに基礎をおかずに、相手に合わせることにおいたのです。流れるように動きのある柔道は見ていて快いものであるのは事実ですが、柔軟さよりもまず力を使いたがる人々にそれを教え込むのは困難なのです」

(また則一は父と自分の関係、自分自身の生き方についてこう語る)

「私は自分の生徒達に父の話はしませんが、私が教えている道場に父の写真を貼っているので「これは誰なの?」と聞いてくる子供もいます。その時には、それは私の父で、フランス柔道のために尽くした人だと教えます」

（川石という名前は、一柔道家の則一にとって背負うのには重たすぎる名前であるが、そのことを認めて、彼は次のように言う）

「私は自分のできることをやってきました。若い頃は連盟に入っていなかったので、試合で力を試すことができませんでした。試合にはとても出たいと思っていたのですが。それに、もし私が試合に出るなら必ず勝たなければならないと母は言いました。ひどいプレッシャーでした。（……）

柔道関係者は先入観をもっていて、私に重すぎるレッテルを貼り、そばに寄ってこられないように考えています。しかし私はそれに関わらないように気をつけてきました。私は柔道を通してさまざまな表現ができ、誰でもそこに自分の居場所を見つけることができると考えています。私は議論も論争も好みません。一人の柔道教師として生き、きちんと自分の仕事を果たしてゆくつもりです」

息子は父の全盛時代を知らない。ずっと後になって、父について書かれたものや父の古い弟子達の話を通して父の偉業を知った。

則一は柔道のキャリアを重ねる一方で短大の東洋語学科に学び、試験を受けて正式な体育教師の資格をとった。現在彼は柔道六段で、フランス柔道連盟の高段者である。パリの南郊外アントニーの町の中学校で体育を教え、そのほかに近くの町のクラブでも指導している。さらに一九六六年父に代わって十八歳で道場の責任者になって以来教えているパリ十四区の道場にも、週に一回通っている。父の思い出を忘れないために。

酒造之助が作った帯の色はフランスでは現在でも使われている。町の体育センターなどでは、袖やズボンのすそがいささか長すぎるキモノ（柔道着）に、黄色やオレンジの帯を締めた小さな柔道家達がかわいい声を張り上げて組み合っている光景がよく見られる。柔道連盟は彼等が良き社会人にして良き柔道人になるように、年少組の頃から道徳的規範をしっかり植えつけようといろいろと工夫をしている。フランスで人気のあるマンガの主人公に、フランス人の祖先であるゴール族の英雄アステリックスがいるが、これにあやかってフランス柔道を代表するキャラクター、ワザアリックスという人物を作りだして、子供達の興味を引き柔道になじませようと考えた。誠実さや名誉、友情、自制、尊敬、謙譲、勇気、礼儀というフランス柔道連盟が掲げる八つの徳目を表現する場面でワザアリックスが活躍している八枚のシールを作り、それらの徳目を守っていると先生が判定したらそのシールを与える。貰った子はそれを台紙に貼ってゆき、八枚すべて貼り終わったらそれがそのまま修了証になる、という趣向もある。帯の色分けはほかのヨーロッパ諸国の柔道にも取り入れられたし、柔道以外の格闘技にも採用されている。

足技一号、手技一号というように番号化された技の呼び方は、今では入門の白帯から青帯までは使われるが、それ以上に昇級するとオオソトガリ、タイオトシなどと日本語の名前で覚える。これを「フランス方式」という。カワイシの名はフランス柔道の中からも消えて行くように見える。酒造之助が作り出したものが、今や普遍的となり、固有名詞ではなくなったということだろう。

しかし、現在の己を大切に思うならばその出自を忘れまい、とするのは当然である。柔道連盟では初段及び二段の昇段試験の際の口頭試問にはフランス柔道の歴史に関する問題を課しており、その資料として一九三三年に嘉納治五郎がパリで初めて柔道の講演と実演をした時から始まり、フェルデンクライスの道場開設と酒造之助の来仏、と続く小史を綴っている。その中で、フランスジウジツクラブについては「この名高いフランスジウジツクラブの役員は錚々たる顔ぶれであった。会長はキュリー夫妻の共同研究者ポール・ボネ=モリ氏、事務局長はフレデリック・ジョリオ=キュリー（ノーベル賞受賞者）、名誉会長は他ならぬ嘉納治五郎その人であった！」と誇らしげである。酒造之助が日本式に段位に基づいた序列社会を築き、自らその頂点に君臨したことを「絶対王政」と呼び、戦後彼が戻ってきたとき柔道連盟と有段者会がすでにできていたので「先生は立憲王政に甘んじなければならなかった」とフランス人らしく諧謔を忘れないが。

一九五六年六月十日フランス柔道が根付いて二十周年の記念式典でボネ=モリは次のような演説をした。

この二十年という月日は情熱と活気、やりすぎと間違いという特徴をもつ我々の発展の第一段階が終わったことを示し、波乱もあり、川石の剛腕によって運営されてきた青春時代が終わったことを示している。川石は要求の厳しい教育者で専断的であったが、彼は我々のフランス柔道にその強烈な個性と美質と、時にはその欠点の跡を刻みこんだ。しかしフランス柔道が存在するのは、間違いなく彼のおかげである。

時代は新しくなり空気が変わってくる。幾多の混乱を経験しながら、古い世代は新しい世代に場所を譲る。師を神聖視したり絶対化することをやめ、組織を整備してゆく。連盟の権限はもはや個人の力や派閥の意向を超えたところに置かれている。酒造之助は乗り越えられたのだ。しかし師を忘れない弟子達は個人のレベルで酒造之助とその家族を支えた。

酒造之助は単なる柔道教師ではなかった。確かに柔道を教えたのだが、それだけではなく、外国人に柔道を教えるための教授法、道場の運営や宣伝方法、試合や大会の実施方法、柔道教師の養成、柔道家及び道場間の調整と組織作り、全国的な組織等々の一切を考え出した。「フランス柔道の創始者」と呼ばれるのはそのためなのだ。しかし決して「フランス柔道」を作り出したのではない。酒造之助が教えたのは日本の伝統武道である柔道である。それをフランスに普及させるための方法を作り出したのだ。酒造之助は大きな構想と戦略に基づいて事業を始め、彼が最初に引いた線に沿ってフランスの柔道は展開してきた。フランスにおける川石酒造之助の遺産は何か？　という筆者の質問に対して、酒造之助の最も古い直弟子の一人ドゥ・エルトゥは、柔道の初心者が長続きしやすい技の番号化をあげる。そして「川石方式があったからこそ柔道は世界中に広まったのです」と強調する。例えばベルギー、オランダの指導にはドゥ・エルトゥが、アルゼンチンにはジョルジュ・ロンドン、キューバにはアンドレ・コリキーヌ、スペインにはビルンボーム等々がそれぞれ赴き、力を尽くした。柔道に限らず武道は弟子に対する師の影響力が大きい。フランスが積極的に海外に出て柔道を広めた結果、柔道の国際舞台におけるフランスの影響力が強いのは事実であり、これも酒造之助の残した大きな遺産であろう。

一九七五年フランス柔道連盟は酒造之助に十段を追贈した。

一九九四年は川石酒造之助の没後二十五周年にあたり、毎年彼の命日を記念して行われる墓参りは、さらに盛大な記念祭になった。柔道連盟の機関誌『Ｊｕｄｏ』の一九九四年三・四月号には「開拓者　カワイシ」と題する記事が載った。そしてリードにいわく。「川石先生とは誰なのかを本当に知っている柔道家は何人いるだろう？　しかしこの人こそフランス柔道の父なのだ――」。今では、柔道を学びながら川石の名を知らない者が多くなっているのだ。そこで連盟は、一九九四―一九九五年用として全有段者に配った登録カードにも酒造之助の写真を使った。高段者がしめる赤帯、六―八段用の紅白だんだら帯、それに七色の帯を並べた背景の上に、酒造之助の顔と署名が浮かび上がったデザインであった。酒造之助がフランス柔道の普及と発展の夢を託した七色の帯である。

さらに一九九六年は、フランス柔道連盟が格闘技連盟から独立して正式に認知されてから五十年の節目にあたり、記念式典や記念事業が行われた。連盟は特にフランスの柔道の歴史を伝えることに力を入れた。『フランス柔道の伝説と歴史』と題するヴィデオを制作し、前述の本『柔道　その歴史その成功』、そして子供向けには『柔道　伝説から歴史へ…』というマンガ本を出版した。ミシェル・ブルッスの本の前書きで、柔道連盟会長のミシェル・ヴィアルは「フランス柔道連盟の理事達は、我々の連盟を創設し、我々の種目柔道の発展に努力してきた人々に敬意を捧げたいと願った。この本の中で語られている我々の歴史は、我々の記憶の中に、そして我々の後継者達の記憶の中に、長く刻み込まれるべきものである」と述べている。五十年という歳月は、過ちをも含めて、自己の歴史をまっすぐに見つめる強さを、フランスの柔道家達に与えたように見える。

その歴史の中で、川石酒造之助は動かぬ地位を保っていくであろう。

あとがき

一九八一年の夏、オランダの友人を訪ねるためにパリからアムステルダム行きの列車に乗りました。6人掛けの車室《コンパートメント》では中年のフランス人夫婦と休暇中のイスラエル兵士、それに小学二年生ぐらいの男の子と学齢前と思われるその妹が相客でした。パリを発つ前に母親らしい女性が何かこまごまと注意を与えて送り出していたので、少年に「誰に会いに行くの?」と尋ねると、「アムステルダムでお父さんが待っているの、彼の奥さんと一緒に」とのこと。どうやら両親が離婚して子供たちは母親と暮らしているけど、夏休みを利用して、再婚した父親を訪ねるところのようです。はきはきとして利発そうな少年はまた、幼い妹のめんどうをよく見てあげる優しいお兄さんぶりも見せていました。乗客たちの会話から私が日本人と知ると、彼は「あなたは柔道を習っているの?」と聞いてきました。「いいえ、習ってないわ。日本では女性はあまり柔道をしないのよ」と私。谷(田村)亮子はもちろん、山口香の活躍もまだ一般にはよく知られていない時代でした。すると少年は「どうして? フランスでは柔道をやっている女の人がたくさんいるよ」。どうして? と聞かれて困ってしまい「あなたは柔道を習ってるの?」と言うと、「うん、ぼく黄帯なんだ。もうじきオレンジ色の帯になるよ」との返事。「ええっ? 黄色やオレンジの帯なんてあるの?」「あるよ、それから緑や青や栗色もね」「ずいぶんカラフルなのね。日本にはそんなにたくさんの帯はないわ。白と黒だけよ」「でも、栗色はあるんじゃない?」と男の子。「さあ、ないと思うわ」と私は答えましたが、実際には少年の言うとおり日本にも茶帯はあります。ただ、本文中に述べたように、日本ではこの帯を着用する人はほとんどいないので、私の間違いもあながち物知らずというわけでもなかったようです。少年と別れたあとも、フランスの柔道には色とりどりの帯がある、といった彼の言葉が心のどこかに引っかかっていました。いかにもフランスらしいおしゃれだな、と思ったり、今までそんな話は聞いたことがないから、あの少年の通う道場だけでくふうしているやり方なのか、と考えたりしました。このほんのちょっとした好奇心が、柔道とはまったく無縁だった私を川石酒造之助に導くきっかけになったのです。

フランスの柔道関係の本や事典を調べて川石酒造之助という名前に出会ったときに、「ああ、川石さんというのはこういうことをした人だったのか」と驚きました。実はまったく別な方面から、川石ミキノスケという名前に聞き覚えがありました。本書の第一部最後の章に出てくる柴田サメさんを私は個人的に知っていたのです。実家が盛岡にあり、中学時代友人二人と一緒にサメさんに英語を見てもらっていましたから。ただその頃、私たちは彼女を川石ミキさんとして知っており、それが本名と思っていました。川石先生（と私たちは呼んでいました）の離婚したご主人は戦前にフランスで柔道を教えており、戦後またフランスに行ったと聞いておりましたが、彼が単なる柔道教師ではなく、フランスの柔道界を作った人であったということは詳しく調べてはじめて分かったことでした。このような思いがけない結びつきがますます私の興味をかきたてたことも事実です。

しかし、調べ始めて日本にその資料が少ないことに苦労しました。講道館を訪ねて機関誌『講道館』のバックナンバーを調べ、一九四八年前後の号から少々の記事を見つけたり、国立国会図書館で『柔道新聞』のバックナンバーを見たりして片々の情報は探し出しましたが、酒造之助の全体の手がかりはまったく得られませんでした。事情が一変したのは、リヨンに住む友人を通してその頃ボルドーにご健在でいらした道上伯氏と連絡が取れたときからです。道上氏からパリ近郊に住む川石夫人の存在を教えていただき、そこをお訪ねしてようやく川石酒造之助という人物の全体像が見えてきました。またフランス柔道連盟を訪れ川石のことを調べたいとお願いすると、きわめて好意的に迎えられ資料探しにいろいろ便宜を図っていただきました。その対応から見ても、フランス柔道界における川石酒造之助の地位が分かるようでした。そして、フランスで取材すればするほど、フランス柔道界における川石の重要性に比して、日本では彼のことがあまりにも知られていないことが奇妙に思われてきました。日本のお家芸である柔道をヨーロッパでこれほど隆盛ならしめる基を築いた人間を、日本ではなぜ知ろうとしないのか。これは興味を引く問題でした。調べていくうちに「日本的なものの国際化」に対する日本人の考え方や態度まで透けて見えて、柔道を通して日本人論を考えさせられました。

もちろん、川石酒造之助という強い個性に対する興味は、柔道というまったく専門外のことに足を踏み入れる強力な原動力になりました。昭和十年代、日本が世界の中で孤立してゆく頃、あるいは戦後、日本人全体が自信をなくしていた頃に、日本伝統の武道である柔道をその精神とともにフランス人に教え込もうとした人物、フランス語が充分に話せないのにフランス人を自分の思うように動かし「カリスマ性がある」といわれた日本人の存在は、我々に国際的な人間とはどういうものかを考えさせてくれます。大きな仕事を成し遂げた人間はその美点と欠点をひっくるめて、研究に値する魅力があります。その研究資料ですが、最も基礎的な資料は川石自身が残しています。彼はもともと政治家を志してアメリカで勉強したので、資料の収集や保存の重要性をよく認識していました。おそらく自伝執筆の計画があったのではないかと思われますが、戦前の資料（新聞記事の切り抜きや柔道大会のプログラム、写真など）は、一九四四年八月に彼がパリを去るとき、必ず帰ってくるからと言ってなじみのホテルに預けてゆき、四年後に戻ってきたとき早速引き取りに行きました。それらに戦後の資料を加えて美都子夫人が整理し、すべてを保管しておられます。これらの貴重な資料がなければこの本は出来なかったでしょう。

現在柔道は世界中に普及していますが、各国でどのように受け入れられ、発展していったか、その詳しい研究が日本ではほとんどなされていないように見えます。しかしどこの国でも、その国の生活や考え方に合わせて多かれ少なかれ柔道は変容してきました。柔道の発展と今後の方向を考えるなら、どういう部分がなぜ、どのように変化していったのか、具体的な研究が必要になるでしょう。日本の視点のみに偏らず、多面的な柔道発展の歴史が求められると思います。それは柔道発祥の地日本だからこそやらなければならない研究ではないでしょうか。そのような場合にこの小文が何かの参考になれば望外の喜びです。

この本をまとめるに当たって多くの方々のお世話になりました。とりわけ川石夫人とお子様方、故道上伯氏、酒造之助の直弟子ジャン・ドゥ・エルトゥ、アンリ・クルティィーヌ、ベルナール・パリゼ、ジャン＝マクシム・シャリエ、ジャン・ジロー、マルセル・フラミオンの諸氏、粟津正蔵氏、故ポール・ボネ＝モリ氏のご子息ダニエル・ボネ＝モリ氏、姫路の川石家ゆかりの方々。ほかにもお名前をあげきれぬほど多くの皆様のお力添えをいただきました。心より御礼申し上げます。

この本は私が参加している同人誌『竪琴』の三十三〜三十五号に掲載した作品「七色の帯に夢をかけて」（竪琴の会　一九九四〜一九九五年）をもとに大幅に加筆したものです。同人諸姉の励ましと友情に感謝いたします。

二〇〇四年七月

重版にあたって

二〇〇四年に『世界にかけた七色の帯』が初めて世に出たとき、川石酒造之助の名は、日本では一般の方々はもとより柔道関係者の間でもほとんど知られておりませんでした。しかし十二年の間に、読んでくださった方々の反響がネットで伝わったり、ＮＨＫや民放で川石の業績を取り上げられたり、また日本柔道連盟の招聘に応じてフランス柔道連盟の幹部が来日してフランスにおける柔道の歴史と発展を講演する機会が増えるにつれて、川石の業績や人物に関心を持ってくださる方が少しずつ増えてきました。嬉しくありがたいことと思っております。

二、三年前からこの本が品切れでなかなか手に入りにくいという声が聞こえてくるようになり、私としましてもなんとかしなければと考えておりました。

そこへ、二〇二〇年の東京オリンピックを見据えて川石の地元の姫路市で「姫路、川石、フランス柔道」のつながりを活かした地域振興や、川石酒造之助顕彰の動きが出てきたとのこと。これが今回の重版の強い後押しとなってくれました。地元の皆様の熱意、特に酒造之助ゆかりの灘菊酒造の方々のご協力に心からの感謝を申し上げます。

二〇一六年九月

吉田郁子

年表

年代	川石酒造之助年譜	日本の動き・世界の動き
一八九九（明32）	八月一三日　兵庫県姫路市手柄の川石孫次郎の五男として誕生。	
一九〇四（明37）		日露戦争（〜一九〇五）。
一九一二（明45）		中華民国成立。
一九一四（大3）	四月　兵庫県立姫路中学入学。	ヨーロッパで第一次世界大戦始まる（〜一九一八）。
一九一七（大6）		ロシア革命。
一九一八（大7）	二月　大日本武徳会より柔道初段を受ける。	
一九一九（大8）	三月　姫路中学卒業。 九月　早稲田大学予科政経科入学。	
一九二〇（大9）	講道館入門。	国際連盟成立。
一九二一（大10）	一月　講道館初段になる。 七月　二段に昇段。	
一九二二（大11）	三段に昇段。	ワシントン海軍軍縮条約。
一九二三（大12）	五月　早稲田大学軍事研究団発足のリーダーとして活躍。	九月一日　関東大震災。
一九二四（大13）	三月　早稲田大学政治経済学部卒業。 四月　東京市役所財務課勤務。 一二月一日　福知山の工兵第十大隊に入営。 一二月二三日　講道館の紅白試合によって四段に昇段。	アメリカで排日移民法成立。
一九二五（大14）		治安維持法成立。普通選挙法成立。

一九二六（大15）	三月三一日　工兵隊を除隊。 五月一七日　横浜から大正丸に乗りアメリカに渡る。 九月　カリフォルニア州のサン・ディエゴ州立大学に入学。サン・ディエゴの日本人会の依頼を受けて日本人子弟に柔道を教える。	
一九二七（昭2）	六月　サン・ディエゴ州立大学を退学。 九月　ニューヨークのコロンビア大学大学院政治科入学。	
一九二八（昭3）	九月　ニューヨーク柔道クラブ創立。	
一九二九（昭4）		一〇月　世界大恐慌起こる。
一九三〇（昭5）	三月　コロンビア大学の課程を修了する。	
一九三一（昭6）	五月　ニューヨークを離れ、南米視察に向かう。アマゾン流域やブラジルの日本人入植者の生活を見て回る。 九月　南米からヨーロッパに向かう。 一〇月一日　ロンドン着。	満州事変。
一九三二（昭7）	三月　日英柔道クラブ創立。 一〇月　オクスフォード大学柔道部の師範に就任。	満州国成立。五・一五事件。
一九三三（昭8）		日本の国際連盟脱退。 ドイツでナチスが政権獲得。
一九三五（昭10）	一〇月一日　パリ着。 一二月　日仏柔道クラブを創立。	
一九三六（昭11）	最初の弟子コトゥローが入門。彼を相手に外国人への柔道教授法を研究する。二年あまりかけて、いわゆるメトード・カワイシ（川石方式）を考案する。 フェルデンクライスが公共土木工事専門学校内にジウジツクラブを作る。	二・二六事件。

一九三七（昭12）	一〇月三〇日　ジウジツクラブで杉村陽太郎大使を迎えて柔道の公開演武を行う。	日中戦争始まる。日独伊三国防共協定成立。
一九三八（昭13）	一月二九日　日仏柔道クラブで杉村陽太郎大使も参加して柔道のデモンストレーションを開催。大成功を収める。 二月一〇日　教育相ジャン・ゼーを迎えて「柔道の夕べ」を開催。	
一九三九（昭14）	四月二〇日　入門第一号のコトゥローが初段となり、川石方式で学んだ最初の有段者となる。 九月　第二次世界大戦がはじまり、イギリス国籍のフェルデンクライスは兵役の義務を果たすために帰国。ジウジツクラブの指導を川石に託した。川石は日仏柔道クラブを閉鎖してジウジツクラブに合流する。	第二次世界大戦始まる（〜一九四五）。
一九四〇（昭15）	六月　フランスはドイツに降伏。パリは占領地区になる。 八月　ジウジツクラブ再開。 スポーツ憲章が制定されて、すべてのスポーツはスポーツ局から認可された連盟に所属しなければならなくなる。	六月　パリ陥落。フランス政府はヴィシーに移転。ペタン元師フランス国家首席に就任。
一九四一（昭16）		太平洋戦争始まる（〜一九四五）。 独ソ戦争始まる。
一九四二（昭17）	柔道は加盟人口が少ないという理由で連盟結成は認められず、格闘技連盟の一部門になる。	
一九四三（昭18）	五月三〇日　第一回フランス柔道選手権大会開催。	イタリア降伏。
一九四四（昭19）	五月六日　第二回フランス柔道選手権大会開催。 八月一五日　連合軍のパリ解放を目前にして、日本大使館は日本人の退去を勧告。川石は柴田サメとの婚姻届を出し、ふたりで日本人の最終グループに参加、車でベルリンへ向かう。	六月　連合軍フランスのノルマンディーに上陸。 八月二五日　連合軍パリ入城。
一九四五（昭20）	五月七日　ドイツが無条件降伏。	八月一五日　日本はポツダム宣言を

	五月二〇日　日本人グループはベルリンを発ちモスクワを経由して旧満州（現中国東北部）に向かう。 六月九日　旧満州の首都新京（現長春）に着く。川石は新京に残留を決める。	受諾、無条件降伏する。
一九四六（昭21）	（川石の不在中にフランスでは柔道柔術連盟創設が認可される） 九月一九日　満州から引き揚げ故郷の姫路に帰りつく。 一二月二五日　柔道七段になる。	フランス第四共和制発足。
一九四七（昭22）	姫路市役所社会教育課勤務。 一二月　柴田サメと協議離婚。	
一九四八（昭23）	一月一二日　麻畠美都子と結婚。 一〇月二一日　フランス体育省の招請を受け横浜港からアンドレ・ルボン号でフランスに向かう。 一一月一日　船内で長男則一が誕生。 一一月三〇日　マルセイユ着。 一二月六日　パリ着。フランス柔道連盟の技術指導に就任。	大韓民国・朝鮮民主主義人民共和国成立。
一九四九（昭24）	二月　パリ一三区オーギュスト・ブランキ通りにフランス柔道クラブの道場を開設。 三月　第一回柔道の祭典。 ロンドンで第二回英仏柔道大会開催。 六月　フランス柔道選手権大会。 八月　避暑地ビアリッツで柔道の夏期講習会開催。	北大西洋条約成立。 中華人民共和国成立。
一九五〇（昭25）	一月　パリで第三回英仏柔道大会開催。 二月　長女美枝子誕生。 七月　川石の助手として粟津正蔵が來仏。	朝鮮戦争始まる（〜一九五三）。 学校教育の場で柔道解禁。 柔道が国体に初参加。

一九五一（昭26）	一一月　フランスはヨーロッパ柔道連合に加入。 三月　アルジェリアの柔道大会に川石は粟津とともに出席。 五月　ポケット版テキスト第一巻『川石方式』出版。柔道入門者に好評で、英訳、スペイン語訳が出る。 七月　ヨーロッパ柔道連合は国際柔道連盟に組織替えすることに決定。 九月　講道館から派遣された安部一郎がトゥールーズの修道館道場で指導をはじめる。 一二月五、六日　パリで第一回ヨーロッパ柔道選手権大会を開催。日本から講道館館長一行を招待。 また日本も国際柔道連盟に加盟し、講道館館長嘉納履正が名誉会長になる。	
一九五二（昭27）	三月　次男映二誕生。 一一月　テキスト第二巻『川石式護身術』出版。	
一九五三（昭28）	七月　フランス柔道連盟の要請を受けて道上伯がフランス南西部の柔道指導のために来仏。	
一九五四（昭29）	安部一郎の影響を受けた者たちが「講道館柔道愛好者連合」を結成。この前後からさまざまな組織が作られ、フランス柔道界は分裂状態となる。	インドシナ戦争終結。 アルジェリア戦争はじまる（～一九六二）。
一九五五（昭30）	柔道教師に国家資格を与えるための法案が成立する。	
一九五六（昭31）	三月　テキスト第三巻『柔道の形』出版。 フランス柔道連盟と講道館技術愛好者連盟が和解して新しい柔道連盟を作る。 五月　東京で第一回世界柔道選手権大会開催。 九月　柔道連盟の技術指導の地位はなくなり、川石は技術顧問となって	

	契約の切れる一九六一年までこの地位にとどまる。	
一九五八（昭33）	一一月　東京で第二回世界柔道選手権大会開催。	フランス第五共和制成立。
一九五九（昭34）	五月　テキスト第四巻『連絡技と返し技』出版。	
一九六〇（昭35）	テキスト第五巻『川石式柔道の秘密』出版。	
一九六一（昭36）	三月三一日　フランス柔道連盟の技術顧問を辞任。 一二月　パリで第三回世界柔道選手権大会開催。	
一九六二（昭37）	川石の道場が入っていた建物が取り壊しになり、川石は道場を失う。	キューバ危機。
一九六三（昭38）	弟子達が「川石先生の弟子と友人の会」を組織して支援し、道場を作って川石に贈る。 七月　発病。	
一九六四（昭39）	一〇月　東京オリンピック。柔道の無差別級でオランダのヘーシンクが日本の神永を降して優勝した。	
一九六八（昭43）		五月　パリ大学の学生による五月革命。
一九六九（昭44）	一月三〇日　死去。享年六九歳。同日付で日本政府から勲五等瑞宝章を授与される。	アメリカのアポロ一一号により人類初の月面到着。
一九七五（昭50）	柔道普及の功労にたいして、フランス柔道連盟は十段を追贈する。	

主な参考文献

神戸新聞社編『学校人脈　姫路中・姫路西高』一九七八年（昭53）
嘉納治五郎『嘉納治五郎著作集』五月書房、一九九二年（平4）
嘉納治五郎『私の生涯と柔道』新人物往来社、一九七二年（昭47）
雑誌『柔道』講道館
日本柔道新聞社『柔道新聞』
工藤雷介『秘録　日本柔道』東京スポーツ新聞社、一九七二年（昭47）
飯塚一陽『柔道を創った男たち』文藝春秋社、一九九〇年（平2）
竹内・杉山・手塚・高橋編『論説柔道』不昧堂出版、一九八四年（昭59）
佐々木・柏崎・藤堂・村田『現代柔道論』大修館書店、一九九三年（平5）
杉村陽一編『杉村陽太郎の追憶』一九四〇年（昭15）　非売品
『現代柔道人物叢書』第六巻、第七巻、講道館、一九九六年（平8）
丸山三造『世界柔道史』恒友社、一九六七年（昭42）
真柄浩「川石酒造之助について　―生いたちと欧州柔道界に与えた影響―」『順天堂大学保健体育紀要』第20号、一九七七年（昭52）

大崎正二『パリ、戦時下の風景』西田書店、一九九三年（平5）
四本忠雄「マールスドルフ籠城記」『明治大学教養論集』通巻一八五号、社会科学、一九八六年（昭61）

Judo, bulletin officiel de la Fédération Française de Judo et de Jiujitsu, Collège des Ceintures Noires de France.
Judo Magazine, Publication officielle de la Fédération Française de Judo–Jujitsu, Kendo, Disciplines Associées（FFJDA).
Éléments pour la préparation aux brevets d'Etat d'éucateurs sportifs, option judo, Comité supéieur de l'enseignement de la FFJDA, 1975.
Paul Bonét-Maury et Henri Courtine, *Le Judo*, PUF, coll. « Que sais-je? », 1975.
Un Siècle de Judo, FFJDA, 1983.
Claude Thibault, *Un million de Judokas, Histoire du Judo français*, Albin Michel, Paris 1966.
Marcel Hansenne, *Le Judo*, La Table Ronde, 1962.
Claude Fradet, *Histoire du judo*, France Judo, la revue des arts martiaux, 4e année No 37, avril 1974.
François Besson et Jean-Pierre de Mondenard, *Judo*, André Leson, 1977.
Claude Fradet, *La grande épopée du Judo*, Judo Magazine N°s 122–140, nov–déc. 1990～nov.–déc 1993.
Christian Quidet, *L'Aventure du judo français*, Solar Editeur, 1973.
Jean-Philippe Damie, *Le Palmarès du judo français*, C.E.S., 1990.
Michel Brousse, *Le Judo, son histoire ses succès*, Liber, Suisse 1996.

Moshe Feldenkrais, *Judo*, Frederick Warne & CO. LTD. , London and New York, 1944.

Dominique Georges, *Au nom du père, Kawaishi Norikazu*, Arts et Combats, No 9, 1994.

Dominique Georges, *Le Gardien du temple, Grand maître Awazu Shozo*, Arts et Combats, mai 1993.

Histoire et Légende du Judo français (VTR) , FFJDA, 1997.

著者略歴

吉田　郁子（よしだ　いくこ）

1937年　旧満州（現中国東北部）ハルピン市生まれ。

1961年　東北大学文学部仏語仏文学科卒業。

1966年　東京教育大学大学院文学研究科修士課程終了。

フランス17世紀文学専攻。

世界にかけた七色の帯

——フランス柔道の父　川石酒造之助伝

吉田　郁子著

平成一六年一二月一五日　初版発行
平成二八年一〇月一五日　二版発行

定価（本体一八〇〇円＋税）

発行所　株式会社　駿河台出版社

発行者　井田洋二

東京都千代田区神田駿河台三丁目七番地
電話　〇三（三二九一）一六七六（代）
FAX　〇三（三二九一）一六七五
振替　〇〇一九〇—三—五六六六九

印刷・製本　㈱シナノ

ISBN978-4-411-00358-4　C1075　¥1800E